1 大きい数①

月　日　正答数　問／8問

1　次の数を漢数字で書きましょう。

① 124350000

（　　　　）

② 79865107003

（　　　　）

2　2019年の日本のゆ出《しゅつ》した金がくは、
76931700000000円です。

① この金がくの数字の6は何の位《くらい》ですか。

（　　　　）

② この金がくの数字の1は何の位ですか。

（　　　　）

3　次の2つの数で大きい方の数に○をつけましょう。

① 50億《おく》と49億　　② 23兆《ちょう》と27兆

③ 4000万と1億　　④ 10億と1兆

大きい数を読むときは、4けた区切りでたてに線を入れるといいよ。
一目でけたの大きさがわかりやすくなるんだ。

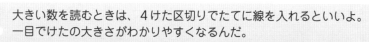

2 大きい数 ②

月　日

正答数　問 /9問

1 次の数直線の㋐～㋕の数を書きましょう。

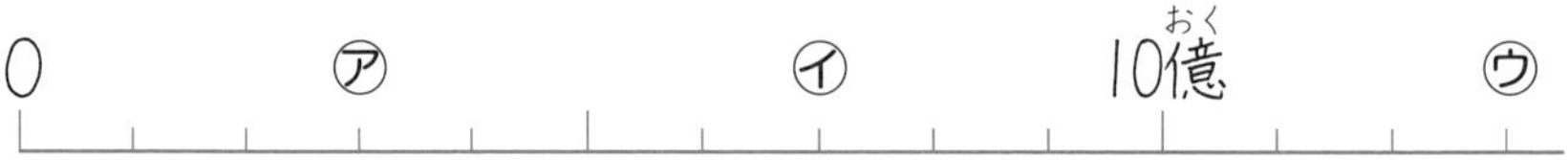

㋐（　　　　）　㋑（　　　　）　㋒（　　　　）

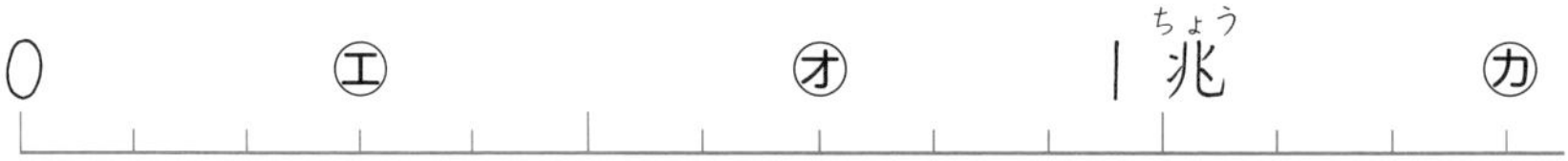

㋓（　　　　）　㋔（　　　　）　㋕（　　　　）

2 0 1 2 3 4 5 6 7 8 の9まいのカードを全部使って、9けたの整数をつくります。

① 1番大きい数を書きましょう。

（　　　　　　　　）

② 2番目に小さい数を書きましょう。

（　　　　　　　　）

③ 2億に1番近い数を書きましょう。

（　　　　　　　　）

2では2番目に大きい数や1番小さい数も考えてみよう。わかるかな？

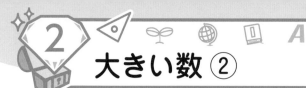

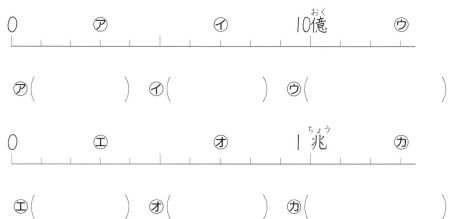

3 角と角度 ①

月　日
正答数
問／4問

次の角の角度を分度器《ぶんどき》を使ってはかりましょう。

①

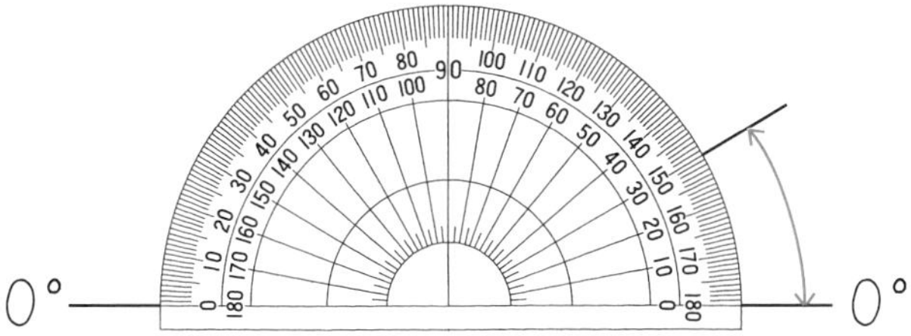

（　　　）

②

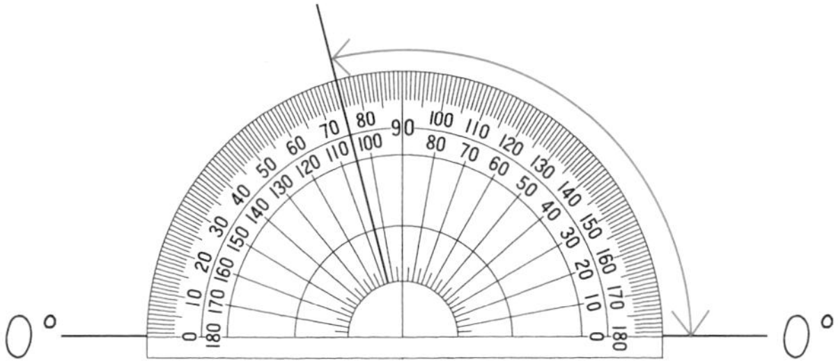

（　　　）

③

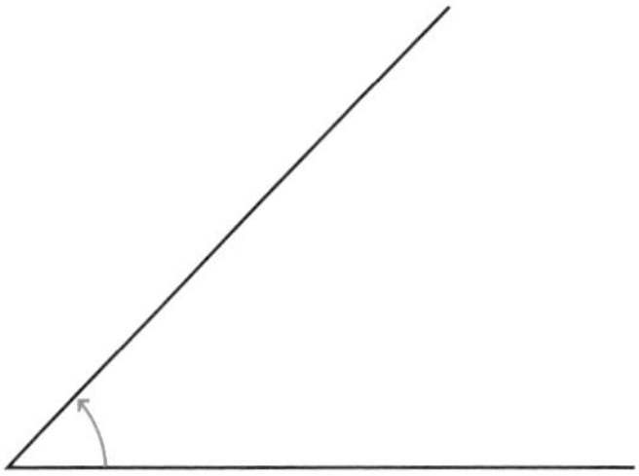

（　　　）

④

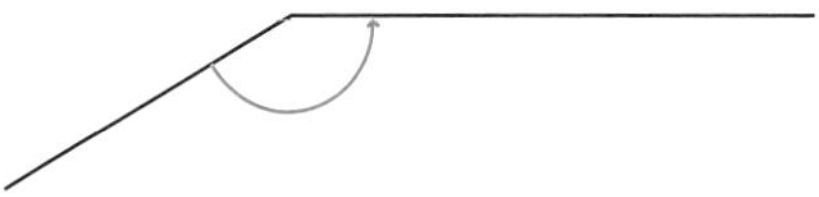

（　　　）

ここでは180°までの角度の問題になっているよ。角度は、はかるのも、かくのもむずかしいけど、たくさん練習してなれよう。

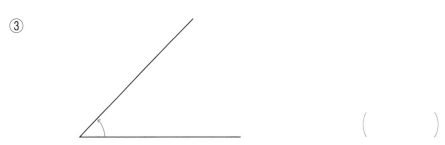

4

角と角度②

月　日

正答数

問／4問

次の角度の角を分度器《ぶんどき》を使ってかきましょう。

① 30°

② 100°

③ 200°

④ 240°

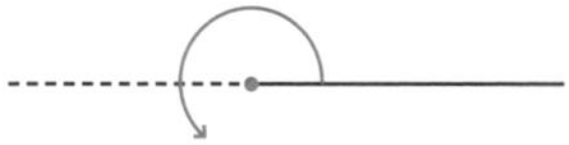

•のまわりの角度は４直角＝360°だよ。分度器をさかさまにして③は160°、④は120°を右側からはかってもかけるんだって。

5 角と角度 ③

月　日

正答数　問／8問

◁ 三角じょうぎのそれぞれの角の角度をはかりましょう。
また、その3つの角の和を求《もと》めましょう。

①

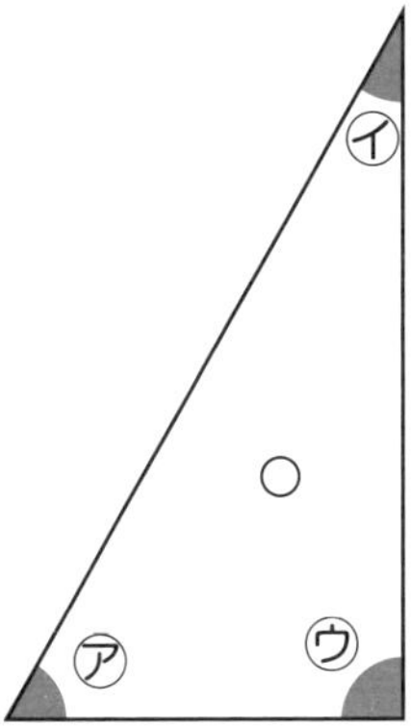

㋐（　　　）

㋑（　　　）

㋒（　　　）

㋐＋㋑＋㋒（　　　）

②

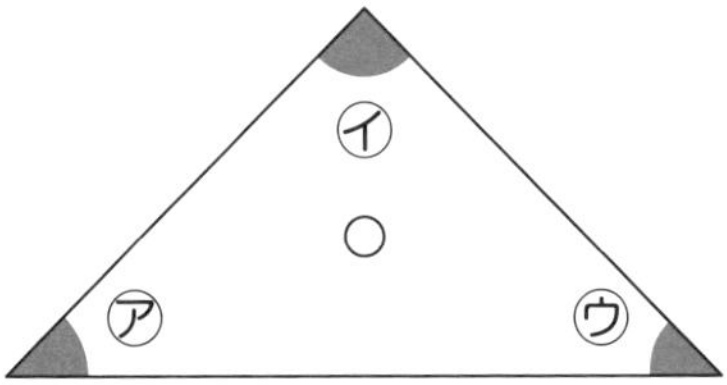

㋐（　　　）

㋑（　　　）

㋒（　　　）

㋐＋㋑＋㋒（　　　）

三角じょうぎをくふうして使うと、15°、30°、45°、60°、75°、90°……
というように、15°きざみの角度をつくってはかることができるんだ。

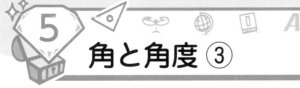

6 角と角度④

月　日

正答数　問／4問

◁ 次の三角形の色のついた角の角度は何度ですか。

①

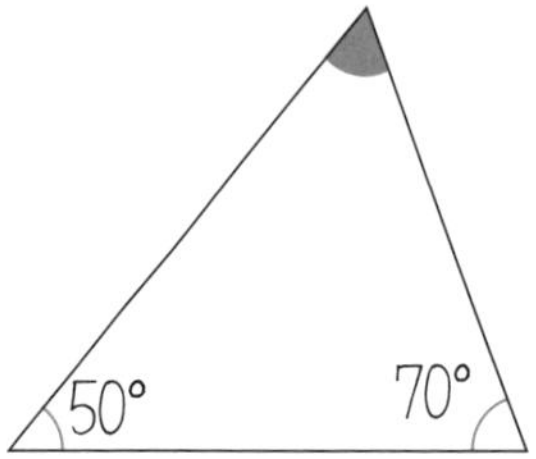

式

答え

②

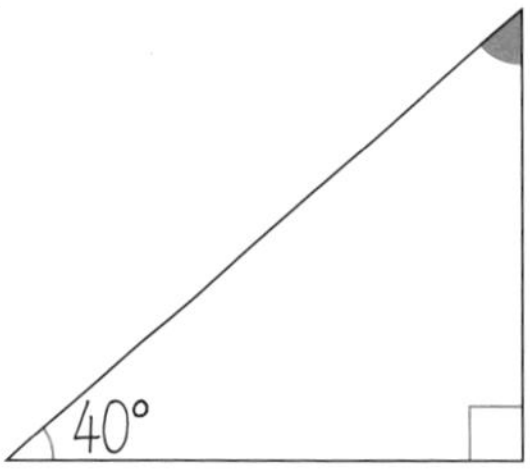

式

答え

③

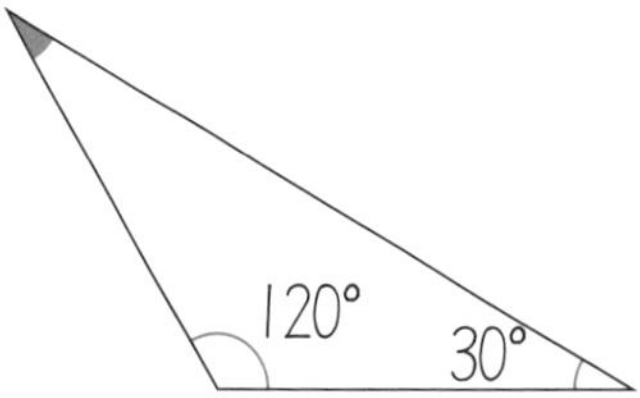

式

答え

④

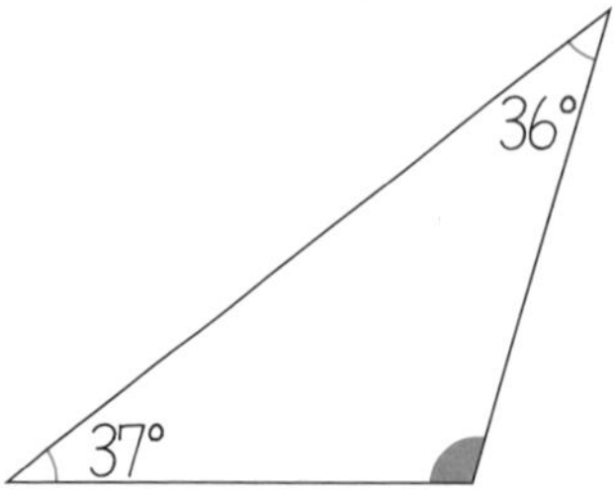

式

答え

三角形の３つの角の角度の和は、必ず180°だよ。だから、そのうちの２つ角度がわかれば、もう１つの角度はひき算で求めることができるね。

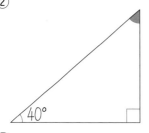

7

わり算（÷1けた）①

月　日

正答数　問／8問

1　次の計算をしましょう。

① 3)63

② 4)48

③ 2)86

④ 3)96

2　次の計算をしましょう。あまりも出しましょう。

① 4)86

② 2)27

③ 3)68

④ 5)86

わり算の筆算では、商が何の位に立つかを上の位から順番にたしかめていこう。ここでは十の位から商が立つよ。

8 わり算（÷１けた）②

月　日
正答数
問／3問

[1] りんごが48こあります。3人に同じように分けると、1人分は何こになりますか。

式

答え

[2] 85まいの色紙を5人に同じように分けると、1人分は何まいになりますか。

式

答え

[3] りんごが83こあります。1人6こずつ配ると、何人に配れて、何こあまりますか。

式

答え

[3]の問題は、答え方が他の問題とちがうよ。ここでは、商がリンゴを配ることができる人の数で、あまりが残ったリンゴの数になるんだね。

9 わり算（÷1けた）③

月　日

正答数　問／6問

1 次の計算をしましょう。

①
$$2\overline{)376}$$

②
$$3\overline{)774}$$

③
$$4\overline{)572}$$

2 次の計算をしましょう。あまりも出しましょう。

①
$$3\overline{)367}$$

②
$$2\overline{)463}$$

③
$$4\overline{)449}$$

「3けた÷1けた」なので、わられる数の百の位とわる数の一の位に注目しよう。

10 わり算（÷１けた）④

月　日

正答数　問／３問

1　172人の子どもが、４台のバスに同じ人数になるように乗ります。バス１台あたり何人になりますか。

式

答え

2　折《お》り紙《がみ》が600まいあります。１人に５まいずつ配ると何人の子どもに配ることができますか。

式

答え

3　３m75cmのリボンがあります。１本の長さを７cmになるように切りました。リボンは何本できて、何cmあまりますか。

式

答え

2は百の位から商が立つけど、1と3は、商が十の位に立つよ。気をつけてね。

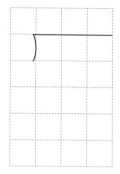

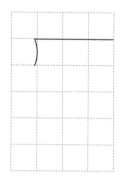

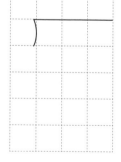

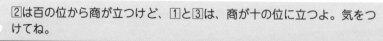

11 わり算（÷2けた）①

月　　日

正答数

問 /12問

次の計算をしましょう。あまりも出しましょう。

① 23)94

② 38)78

③ 26)79

④ 27)85

⑤ 14)59

⑥ 16)67

⑦ 19)144

⑧ 17)122

⑨ 18)156

⑩ 32)159

⑪ 21)128

⑫ 53)109

「÷2けた」になったけど、①～⑥は商が一の位からだと一目でわかるね。⑦～⑫は念のために十の位からたしかめていこう。

12 わり算（÷2けた）②

月　日

正答数　問／3問

1　95まいのカードを1人13まいずつ配ると、何人に配れて何まいあまりますか。

式

答え

2　4m90cmのリボンがあります。

83cmずつ切ると何本とれて、何cmあまりますか。

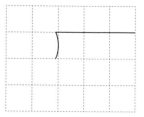

式

答え

3　210この荷物があります。トラック1台には、この荷物を24こ積《つ》んで運ぶことができます。すべての荷物を一度で運ぶには、何台のトラックが必要《ひつよう》ですか。

式

答え

3は、計算ではあまりが出るけど、そのあまった分を運ぶトラックが必要になると考えるんだね。

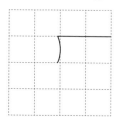

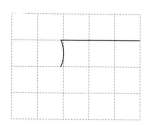

13 わり算（÷2けた）③

月　日

正答数　問/9問

次の計算をしましょう。あまりも出しましょう。

① 57)984

② 24)691

③ 48)697

④ 38)799

⑤ 21)864

⑥ 16)751

⑦ 45)956

⑧ 36)578

⑨ 19)921

商の位の見きわめができるようになろう。あまりの数が2けたになる①、②、③、⑥、⑦などは商を見積もることがむずかしく感じるかも。

14 わり算（÷2けた）④

月　日

正答数　問／3問

1　320cmのリボンがあります。26cmずつ切ると、リボンは何本とれて、何cmあまりますか。

式

答え

2　800まいの折《お》り紙《がみ》を1人に19まいずつ配ると、何人に配れて、何まいあまりますか。

式

答え

3　683このみかんがあります。18こずつふくろにつめます。すべてふくろに入れるには、ふくろは何まい必要《ひつよう》ですか。

式

答え

3は、あまった分を入れるふくろが必要になるね。商に1をたして答えよう。問題文をよく見て、何を答えるといいか読みとろう。

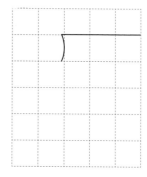

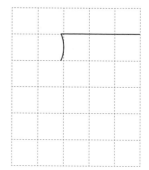

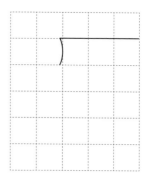

15 垂直と平行 ①

月　　日

正答数　問／2問

1　次の図のたての直線Aに垂直《すいちょく》な直線は、㋐～㋕のどれですか。記号で全部答えましょう。

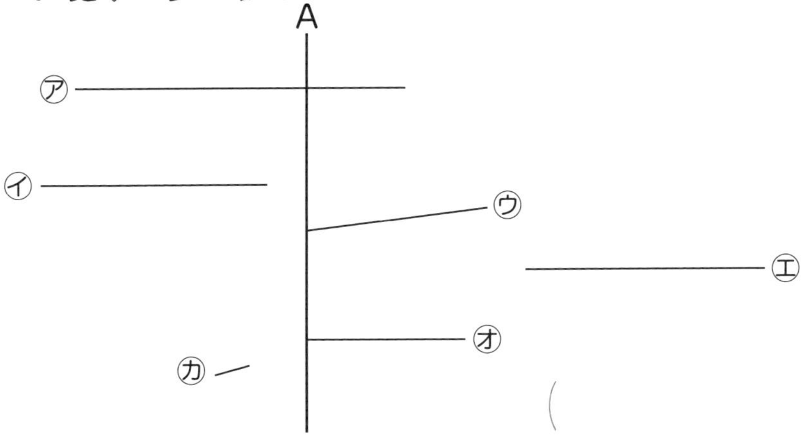

（　　　　　　　　）

2　次の図で、平行な直線はどれとどれですか。記号で全部答えましょう。

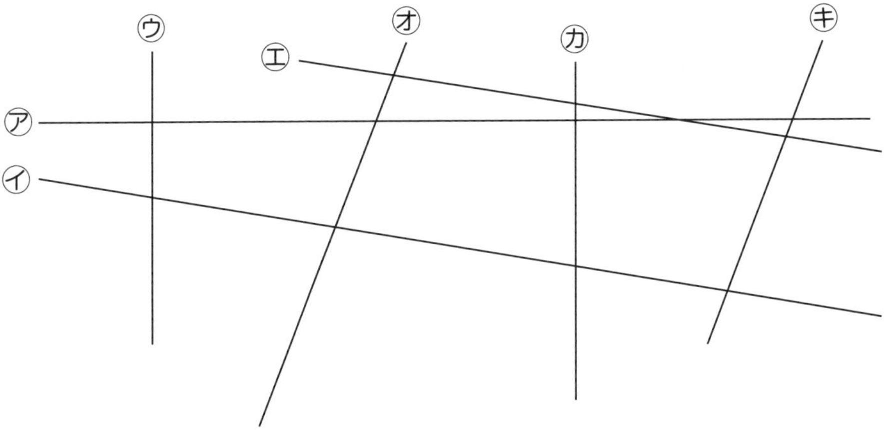

（　　と　　、　　と　　、　　と　　）

1は、Aの線に向かって、㋐～㋕の線をのばしてみよう。2は、線上にえんぴつを置いてみると、組になる線がどれになるかわかりやすくなるよ。

16 垂直と平行②

月　日
正答数
問／9問

①　次の図で、A、B、Cの直線は平行です。
　㋐、㋑、㋒、㋓、㋔の角度は何度ですか。

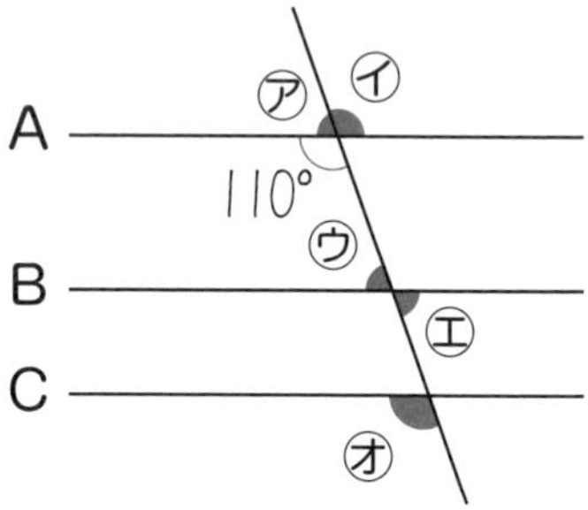

㋐（　　）　㋑（　　）　㋒（　　）　㋓（　　）　㋔（　　）

②　次の図で、AとBの直線、CとDの直線は平行です。
　㋐、㋑、㋒、㋓は、直線と直線が交わる点です。

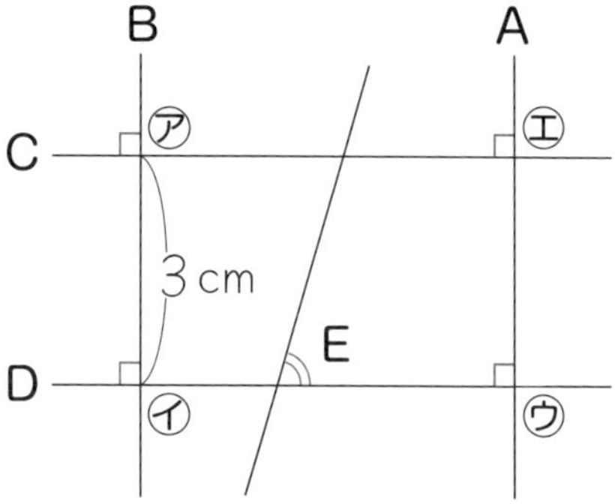

① ㋒㋓の長さは何cmですか。

（　　　　）

② ㋐㋓の長さは5cmです。㋑㋒の長さは何cmですか。

（　　　　）

③ ㋐㋑㋒㋓の四角形の名前を書きましょう。

（　　　　）

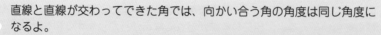

④ Eと同じ角度の角に∠のしるしを全部かきましょう。

直線と直線が交わってできた角では、向かい合う角の角度は同じ角度になるよ。

17

四角形 ①

月　日
正答数
問／2問

◁ 次の図の3つの点（●）すべてをちょう点とする四角形をかきましょう。

① 正方形を1つと、平行《へいこう》四《し》辺形《へんけい》を2つかきましょう。

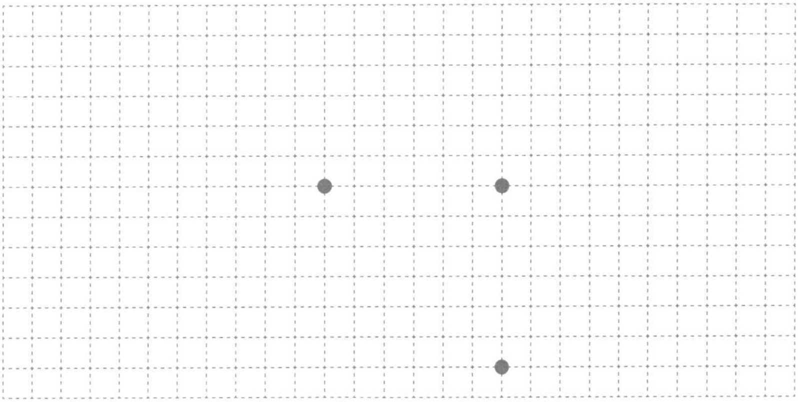

② ひし形を1つと、平行四辺形を2つかきましょう。

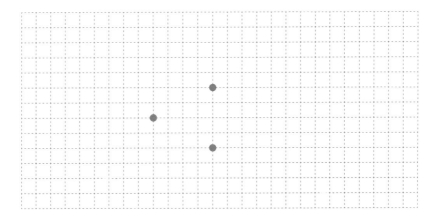

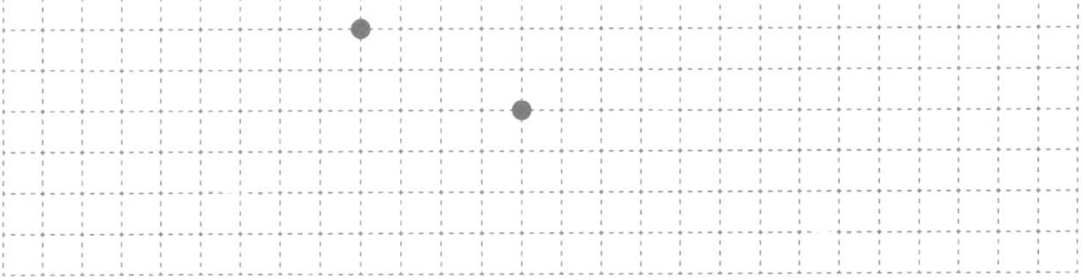

四角形には、ちょう点が4つあるのに、ここでは3つしかないね。ということは、4つめのちょう点をどこに置くかで四角形の形が変わるね。

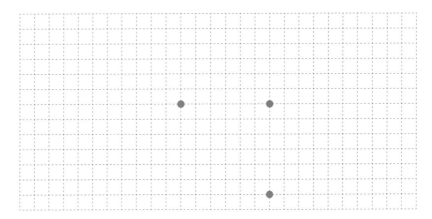

18

四角形 ②

月　日
正答数
問／7問

◁ ①〜⑦のせいしつを持っている四角形を㋐〜㋕から選《えら》んで記号で全部答えましょう。

㋐

正方形

㋑

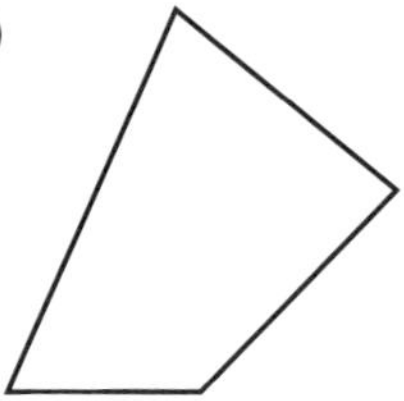

四角形

㋒

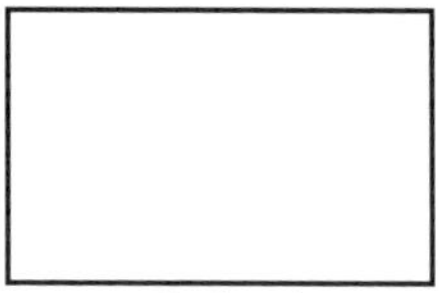

長方形

㋓

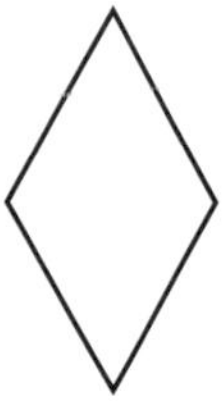

ひし形

㋔

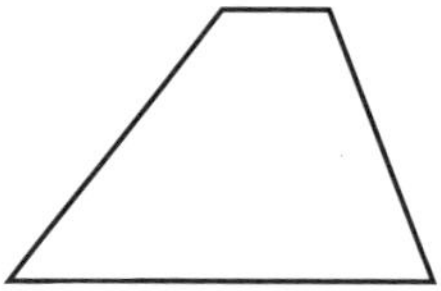

台形

㋕

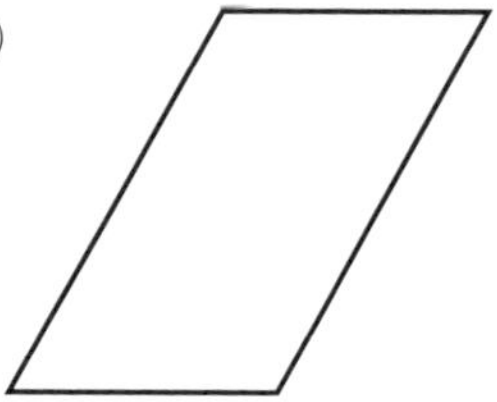

平行四辺形

① 4つの角の大きさが等しい。（　　　　）

② 平行な辺《へん》が2組ある。（　　　　）

③ 向かい合った角の大きさが等しい。（　　　　）

④ 1組も平行な辺がない。（　　　　）

⑤ 向かい合った辺の長さが等しい。（　　　　）

⑥ 対角線の長さが等しい。（　　　　）

⑦ 平行な辺が1組ある。（　　　　）

折り紙などで㋐〜㋕の四角形をつくって、①〜⑦のようなせいしつにあてはまるかたしかめてみよう。

19

折れ線グラフ ①

月　日

正答数　問／3問

1日の気温の変《か》わり方を調べ、**折《お》れ線《せん》グラフ**に表しました。

時こく(時)	午前 8	9	10	11	12	午後 1	2	3	4	5	6
気　温(度)	14	16		19	19	21	23		20	19	17

1日の気温の変わり方

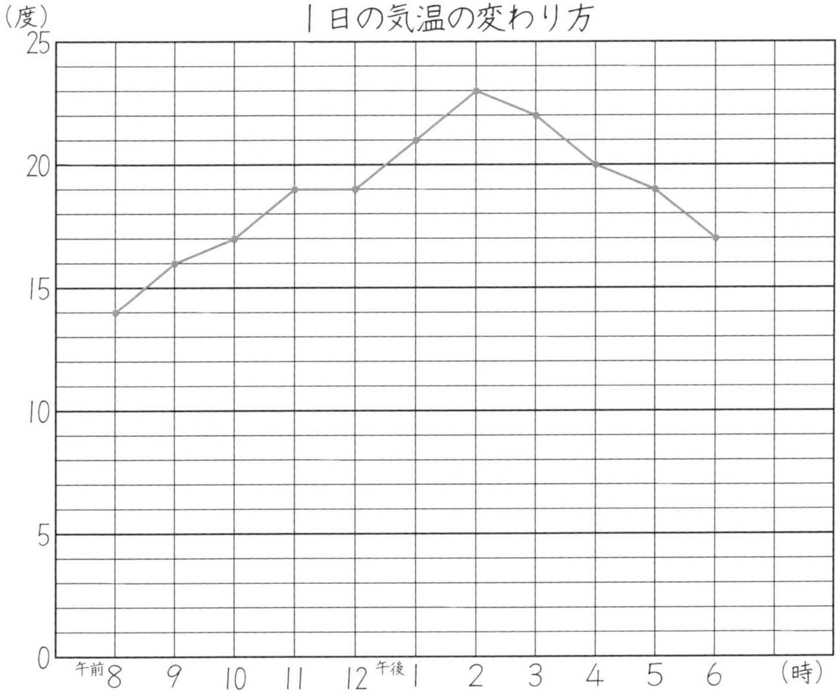

① 表の□に数字を書きましょう。

② たての目もりは何を表していますか。　（　　　　）

③ 横の目もりは何を表していますか。　（　　　　）

たての目もりと横の目もりが表しているものは、グラフの目もりのはしの（　）の中に何と書いているかでわかるよ。

折れ線グラフ ②

月　日

正答数　問／9問

「1日の気温の変《か》わり方」を折《お》れ線《せん》グラフに表します。

[ ]には表題、(　)には単位《たんい》、□には数を書きましょう。

時こく(時)	午前 8	10	12	午後 2	4	6
気　温(度)	14	19	21	24	22	19

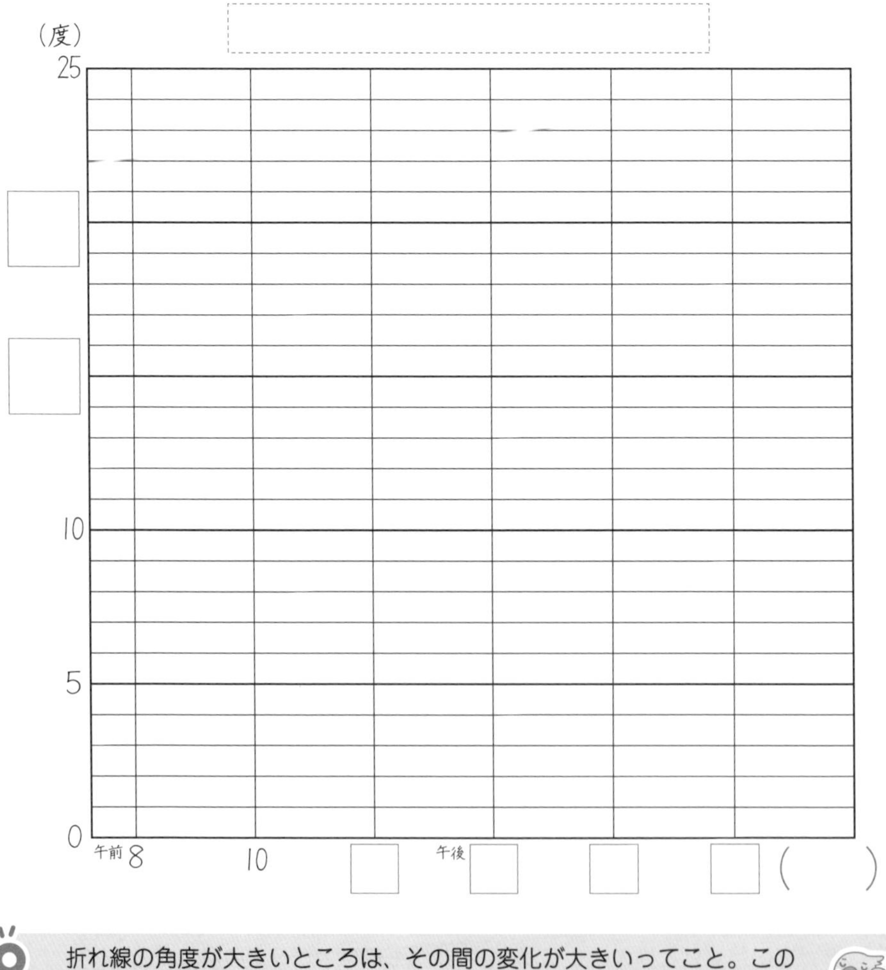

折れ線の角度が大きいところは、その間の変化が大きいってこと。このグラフでは午前8時～午前10時の間に一番気温が変化したんだね。

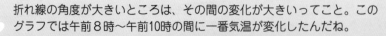

21

表の整理 ①

月　日

正答数

問／2問

4年生20人にイチゴ、メロン、リンゴ、バナナ、ミカンのうち一番好《す》きなくだものをカードに書いてもらいました。

メロン	リンゴ	ミカン	バナナ
イチゴ	メロン	バナナ	メロン
リンゴ	イチゴ	リンゴ	ミカン
イチゴ	バナナ	メロン	イチゴ
バナナ	メロン	イチゴ	メロン

① 表にまとめて、整理しましょう。

くだもの	人数（人）	
イチゴ	正	5
メロン		
リンゴ		
バナナ		
ミカン		
合計		

② 一番好きな人が多いのは、どのくだものですか。

（　　　　　　　　）

調べたことを表にまとめるときは、数えるものを線で消して、消した数で「正」の字を一画ずつ書いていくと、数えまちがいがへるんだね。

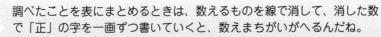

22

表の整理 ②

月　日

正答数　問／2問

次の図形を形と色で分けて調べます。

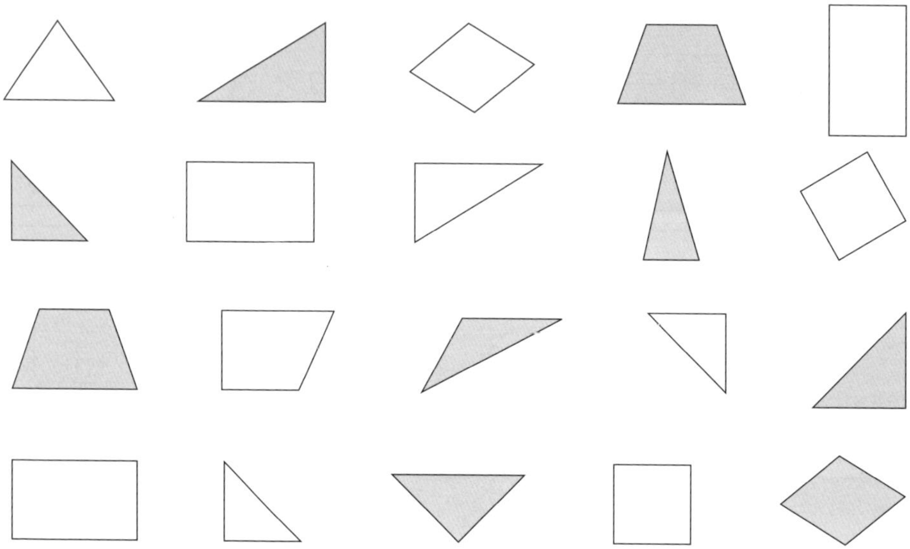

① 表にまとめて、図形の種類《しゅるい》ごとに整理しましょう。

色 形	白色	青色
三角形		
四角形		
合計		

② 一番多かったのは、どの色で、どんな形の図形ですか。

（　　　　　　　　　　）

ここでは、形で２種類、色で２種類の計４種類に分類することができるね。１つの図を見て分類するから数えまちがいに気をつけよう。

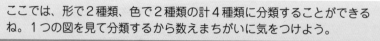

およその数 ①

月　日

正答数 問 /10問

1 次の数を千の位《くらい》までのがい数にします。四捨五入《ししゃごにゅう》する位に点（•）をうってから、がい数にしましょう。

① 1981
（　　　　）

② 2156
（　　　　）

③ 3963
（　　　　）

④ 5482
（　　　　）

2 次の数を一万の位までのがい数にしましょう。

① 43698
（　　　　）

② 28581
（　　　　）

③ 76208
（　　　　）

④ 80573
（　　　　）

⑤ 243865
（　　　　）

⑥ 557864
（　　　　）

千の位までのがい数にするときは、百の位を四捨五入するんだね。このとき、四捨五入する位の上に・をつけておくと考えやすくなるよ。

24

およその数 ②

月　日

正答数

問 /10問

1　次の数を上から1けたのがい数にしましょう。四捨五入《ししゃごにゅう》する位《くらい》に点（•）をうってからがい数にしましょう。

① 458

（　　　　）

② 947

（　　　　）

③ 1392

（　　　　）

④ 3648

（　　　　）

2　次の数を上から2けたのがい数にしましょう。

① 7681

（　　　　）

② 5627

（　　　　）

③ 48635

（　　　　）

④ 76479

（　　　　）

⑤ 620527

（　　　　）

⑥ 368451

（　　　　）

上から1けたのがい数にするときは、上から2けた目を四捨五入するようにしよう。・をうった数以下の位は、すべて0になるよ。

およその数 ③

月　日

正答数　問／3問

1　お店で、61860円のエアコンと、25820円のデジタルカメラを買いました。代金は、およそ何万何千円ですか。

①　それぞれの代金を合計してから、千の位《くらい》までのがい数で表しましょう。

式

＋

答え

②　それぞれの代金を、千の位までのがい数にしてから計算しましょう。

式

答え

2　26200円のプリンタと、31800円のうで時計を買いました。代金は、およそ何万何千円ですか。
　千の位までのがい数にしてから計算しましょう。

式

答え

千の位までのがい数にするときは、1つ下の百の位を四捨五入しよう。
がい数にしてから計算することを「がい算」というよ。

26 およその数 ④

月　日
正答数
問／3問

1　36本で7884円のジュースがあります。

① ジュース1本のねだん（7884÷36）を計算して、上から1けたのがい数で表しましょう。

式

答え

② それぞれの数を上から1けたのがい数にしてから、計算しましょう。

式

答え

2　スーパーマーケットで1箱208円のビスケットが売られています。6300円でビスケットが何箱買えるか考えます。それぞれの数を上から1けたのがい数にしてから、計算しましょう。

式

答え

上から1けたのがい数の計算は、正しく計算したときとの答えの差があまり大きくなくて、かんたんに計算できるからとっても便利だね。

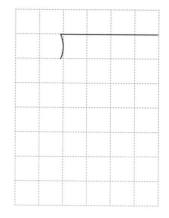

27

面積①

月　日

正答数　問／4問

◁ 次の長方形や正方形の面積《めんせき》を求《もと》めましょう。

① たてが42cm、横が60cmの長方形のつくえの表面の面積

式

答え

② 1辺《ぺん》の長さが15cmの正方形の折《お》り紙《がみ》の面積

式

答え

③ たてが2m、横が5mの長方形のかんばんの面積

式

答え

④ 1辺の長さが10mの正方形の形をしたドッジボールコートのかた側《がわ》の面積

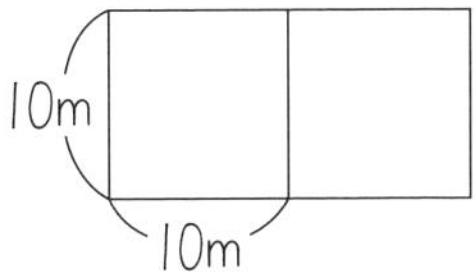

式

答え

「たて×横」で長方形や正方形の面積が求められるよ。たてと横の長さで単位がちがうときは、問われている単位にそろえてから計算しよう。

面積 ②

月　日

正答数　問／3問

1 次の長方形の□部分の面積《めんせき》は何m^2ですか。

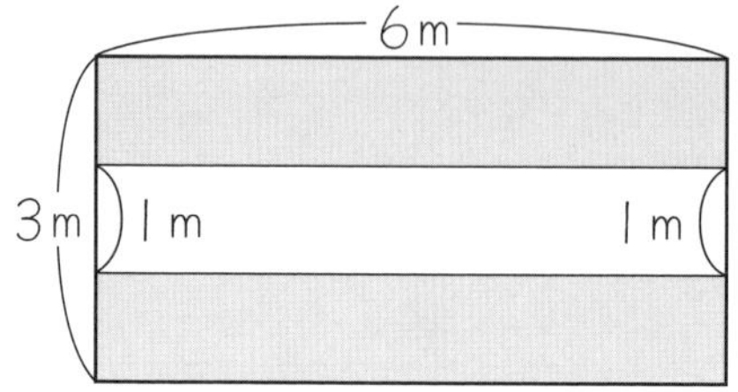

式

答え

2 次の長方形の土地の面積は何m^2ですか。

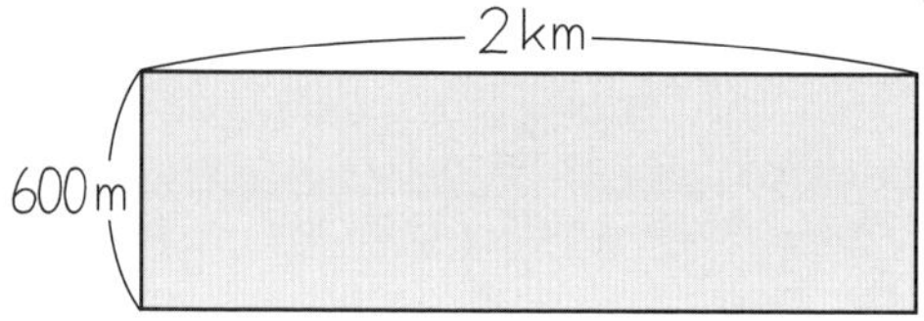

式

答え

3 次の正方形の□部分の面積は何m^2ですか。

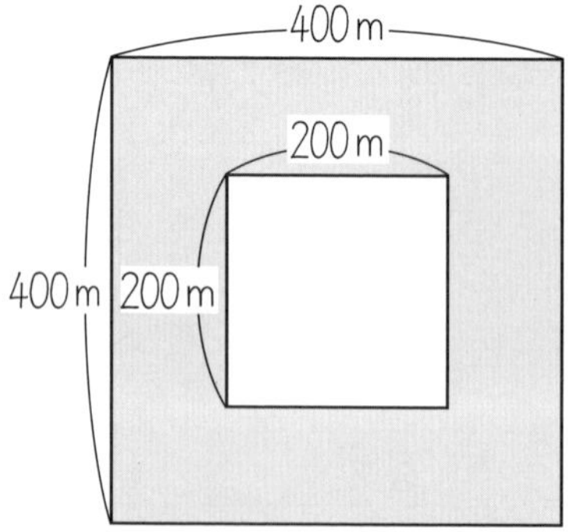

式

答え

1は、全体のたての長さから、不要なたての長さをひいて求めるよ。
2は、たてと横の長さの単位をmにそろえて求めよう。

面積 ③

月　日
正答数
問／4問

1　たて20m、横25mの長方形の畑があります。

①　この畑の面積《めんせき》は、何m^2ですか。

式

答え

②　この畑の面積は、何a（アール）ですか。

式

答え

2　右のような形をしたぶどう畑があります。この畑の面積は、何aですか。

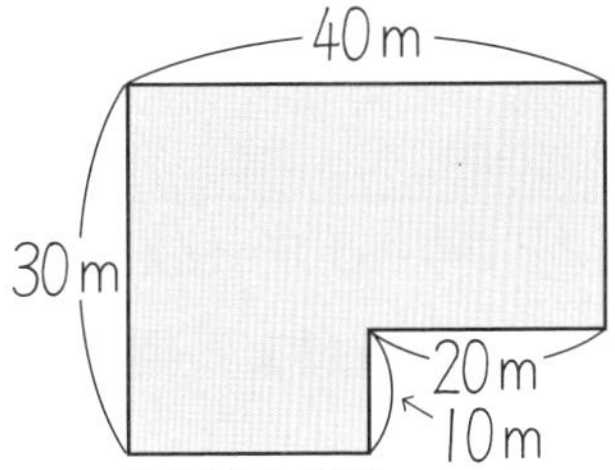

（どの角も直角）

式

答え

3　右のような、面積が8aで、たての長さが20mの長方形の公園があります。横の長さは何mですか。

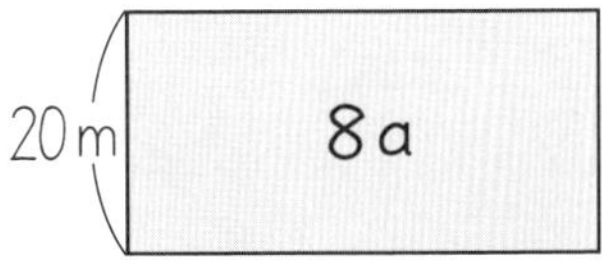

式

答え

1辺の長さが10mの正方形の面積を、1aというんだね。
$10m \times 10m = 100m^2 = 1a$と覚えておこう。

30 面積④

月　日

正答数　問／4問

1　たて250m、横200mの長方形の植物園があります。

①　この植物園の面積《めんせき》は、何m^2ですか。

式

答え

②　この植物園の面積は、何ha（ヘクタール）ですか。

式

答え

2　1ha＝10000m^2で、1a＝100m^2です。
1haは、何aですか。

式

答え

3　1km^2は、何haですか。

式

答え

100m×100m＝10000m^2＝1ha＝100aになるよ。
じゃあ1km^2は、1000m×1000m＝1000000m^2だから、どうなるかな？

31

月　　日

正答数

問 /14問

小数のたし算 ①

次の計算をしましょう。

① 4.03 + 2.51

② 3.54 + 1.23

③ 7.34 + 2.13

④ 4.53 + 5.21

⑤ 4.83 + 1.98

⑥ 3.74 + 6.73

⑦ 2.78 + 4.97

⑧ 0.08 + 0.07

⑨ 0.18 + 0.99

⑩ 7.43 + 1.57

⑪ 0.06 + 6.94

⑫ 0.74 + 0.36

⑬ 6.43 + 0.752

⑭ 0.354 + 0.246

小数の筆算は、小数点をそろえて書くようにしよう。位がそろえば、計算まちがいが少なくなるよ。

32

小数のたし算 ②

月　日

正答数

問 /10問

1　次の計算をしましょう。

① 3.58 + 5.41

② 4.84 + 4.53

③ 4.36 + 1.98

④ 2.88 + 2.93

⑤ 0.08 + 0.09

⑥ 0.17 + 0.94

⑦ 8.48 + 1.52

⑧ 0.03 + 3.97

⑨ 0.47 + 1.63

2　重さ0.45kgのくだものかごに、3.5kgのくだものをつめました。あわせて何kgですか。

式

答え

答えが“9.00”などの場合は、小数点以下の0を消して“9”が答えになるよ。ただし“9.04”のような場合は、0は消さないよ。

33 小数のひき算 ①

月　日

正答数　問 /14問

◁ 次の計算をしましょう。

① 　7.45
　－3.24

② 　4.38
　－2.13

③ 　6.79
　－1.57

④ 　6.23
　－3.12

⑤ 　2.17
　－1.69

⑥ 　0.76
　－0.43

⑦ 　4.02
　－2.56

⑧ 　1.03
　－0.88

⑨ 　0.96
　－0.9

⑩ 　6
　－0.78

⑪ 　7
　－2.96

⑫ 　4.56
　－0.56

⑬ 　6.375
　－2.085

⑭ 　0.6
　－0.283

小数とのひき算で“6”のような整数があるときは、“6.00”と小数に変えて、位をそろえよう。

34

小数のひき算 ②

月　日

正答数　問 /10問

1　次の計算をしましょう。

① 5.53 − 3.32

② 0.84 − 0.73

③ 2.35 − 1.68

④ 7.03 − 2.59

⑤ 1.01 − 0.77

⑥ 0.42 − 0.4

⑦ 6 − 0.81

⑧ 7 − 3.46

⑨ 9.97 − 0.97

2　17.8mのリボンがあります。このリボンから8.9mを切り取りました。残《のこ》りのリボンは何mですか。

式

答え

答えに小数点を書くのをわすれていない？　最初は整数どうしの計算と考えて、最後に小数点を答えに下ろすことをパターン化しよう。

35 小数のかけ算

月　日

正答数　問 /12問

次の計算をしましょう。

① 3.8×4

② 3.6×5

③ 0.5×8

④ 31.5×3

⑤ 45.6×4

⑥ 27.8×6

⑦ 2.6×27

⑧ 3.5×28

⑨ 2.3×87

⑩ 46.8×73

⑪ 3.14×69

⑫ 8.06×75

計算が終わってから答えに小数点をうつことで、0や小数点を消す作業がパターン化でき、答えまちがいがへるよ。

36

小数のわり算 ①

月　日

正答数　問 / 9問

次の計算をしましょう。

① 6)37.8

② 8)34.4

③ 3)23.4

④ 9)84.6

⑤ 7)45.5

⑥ 6)38.4

⑦ 38)91.2

⑧ 16)9.12

⑨ 27)9.18

“小数÷整数” だから、商の小数点はわられる数の小数点と同じ位のまま商に小数点を上げるといいね。

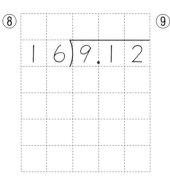

37

小数のわり算 ②

月　　日

正答数

問／4問

◁ 次の計算をわり切れるまでしましょう。

① 5)0.74

0をおろす

② 8)0.5

③ 25)9.05

④ 16)55.2

テストなどでは、答えたあとにたしかめるということも大切。はじめの数字を書きまちがえていたりすることもあるから要注意だね。

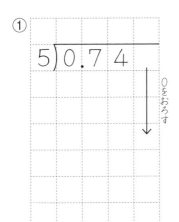

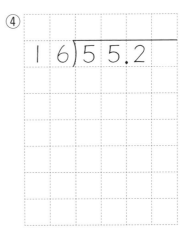

38

小数のわり算 ③

月　日

正答数

問／4問

1　$\frac{1}{10}$の位《くらい》まで求《もと》め、あまりも出しましょう。

①

$$18\overline{)85.4}$$

②

$$24\overline{)87.7}$$

2　$\frac{1}{100}$の位まで求め、商を四捨五入《ししゃごにゅう》して、$\frac{1}{10}$の位までのがい数で表しましょう。

①

$$16\overline{)61.5}$$

（　　　　　）

②

$$37\overline{)90.9}$$

（　　　　　）

2は、まずは$\frac{1}{100}$の位まで計算して、そのあと四捨五入するってことだね。

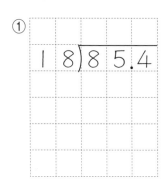

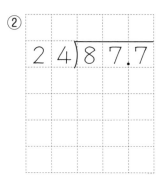

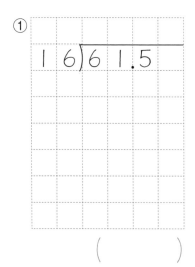

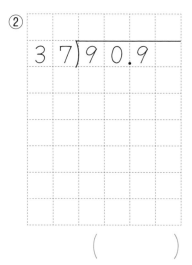

39 分数のたし算

月　日

正答数　問 /16問

次の計算をしましょう。整数になるものは整数に直し、仮《か》分数《ぶんすう》は帯分数《たいぶんすう》に直しましょう。

① $\frac{3}{10}+\frac{7}{10}=$

② $\frac{2}{8}+\frac{6}{8}=$

③ $\frac{1}{6}+\frac{5}{6}=$

④ $\frac{3}{7}+\frac{4}{7}=$

⑤ $\frac{7}{9}+\frac{2}{9}=$

⑥ $\frac{9}{7}+\frac{3}{7}=$

⑦ $\frac{6}{6}+\frac{5}{6}=$

⑧ $\frac{7}{5}+\frac{8}{5}=$

⑨ $2\frac{1}{5}+\frac{2}{5}=$

⑩ $\frac{3}{6}+3\frac{2}{6}=$

⑪ $3\frac{1}{7}+\frac{3}{7}=$

⑫ $\frac{3}{8}+2\frac{2}{8}=$

⑬ $1\frac{4}{9}+2\frac{4}{9}=$

⑭ $2\frac{3}{7}+2\frac{1}{7}=$

⑮ $3\frac{1}{6}+2\frac{4}{6}=$

⑯ $2\frac{1}{5}+4\frac{2}{5}=$

仮分数から帯分数に直したあとに、分母と分子の数を見くらべて、分子の方が大きい数でないかチェックしよう。

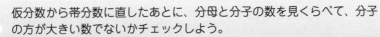

40

分数のひき算

月　日

正答数　問 /14問

次の計算をしましょう。整数になるものは整数に直し、仮《か》分数《ぶんすう》は帯分数《たいぶんすう》に直しましょう。

① $\frac{12}{7}-\frac{5}{7}=$

② $\frac{13}{5}-\frac{3}{5}=$

③ $\frac{16}{7}-\frac{9}{7}=$

④ $\frac{15}{6}-\frac{3}{6}=$

⑤ $\frac{15}{7}-\frac{4}{7}=$

⑥ $\frac{21}{10}-\frac{8}{10}=$

⑦ $\frac{20}{9}-\frac{10}{9}=$

⑧ $\frac{9}{4}-\frac{2}{4}=$

⑨ $1\frac{3}{7}-\frac{4}{7}=$

⑩ $3\frac{1}{6}-\frac{2}{6}=$

⑪ $4\frac{3}{8}-\frac{4}{8}=$

⑫ $3\frac{3}{7}-1\frac{5}{7}=$

⑬ $4\frac{1}{6}-2\frac{2}{6}=$

⑭ $5\frac{1}{4}-2\frac{2}{4}=$

分数のひき算では、帯分数を仮分数に直す方法と整数部分から１くり下げる方法があるよ。ここでは１くり下げて計算した方が楽だね。

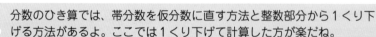

41

直方体と立方体 ①

月　　日

正答数　　問／4問

右の図は、直方体の展開《てんかい》図《ず》です。
この展開図を組み立てると直方体ができます。立体を思いうかべて答えましょう。

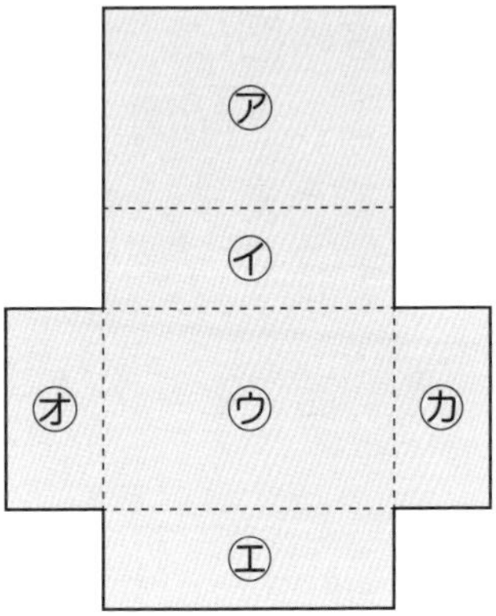

① 面㋐と平行な面はどれですか。

（　　　　）

② 面㋔と平行な面はどれですか。

（　　　　）

③ 面㋒に垂直《すいちょく》な面は4つあります。どれですか。

（　　　　）（　　　　）（　　　　）（　　　　）

④ 直方体は、いくつの面でつくられていますか。また、直方体の辺《へん》の数、ちょう点の数を書きましょう。

面（　　　　）　辺（　　　　）　ちょう点（　　　　）

長方形だけや、長方形と正方形にかこまれた立体を直方体。正方形だけにかこまれた立体を立方体というよ。

42

直方体と立方体 ②

月　日

正答数　問／5問

1　右の図は、立方体の展開図《てんかいず》です。
この展開図を組み立てると立方体ができます。立体を思いうかべて答えましょう。

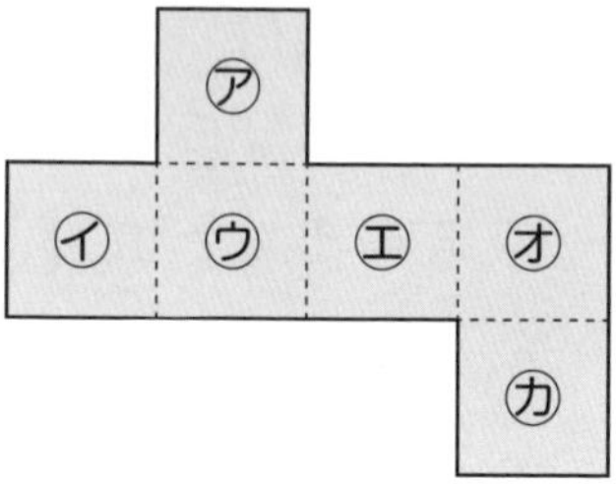

① 面㋐と平行な面はどれですか。

（　　　）

② 面㋑と平行な面はどれですか。

（　　　）

③ 面㋒に垂直《すいちょく》な面は4つあります。どれですか。

（　　　）（　　　）（　　　）（　　　）

2　サイコロ（立方体）の展開図です。サイコロは向き合う面の目の数の和は7になります。の面が次の位置《いち》のとき、の面は、㋐～㋔のどの面ですか。

①

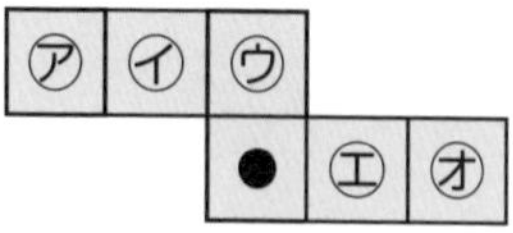

（　　　）

②

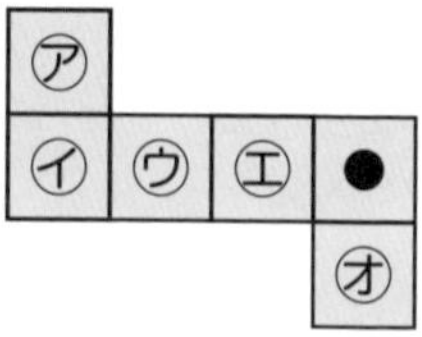

（　　　）

1も2も立方体の展開図だね。2はむずかしいから、紙やおかしの箱などで展開図をつくってたしかめるのもいいね！

43

位置の表し方 ①

月　日

正答数　問／5問

◁　｜cmの方眼紙《ほうがんし》の上にある●の位置《いち》は、次のように表せます。

点㋐をもとにすると…
（横3cm，たて5cm）

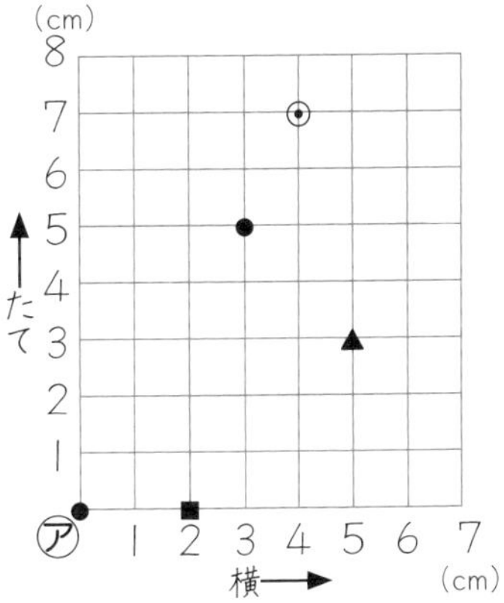

① 点㋐をもとにして、▲の位置を表しましょう。

（横　　　　　　，たて　　　　　　）

② 点㋐をもとにして、⊙の位置を表しましょう。

（横　　　　　　，たて　　　　　　）

③ 点㋐をもとにして、■の位置を表しましょう。

（横　　　　　　，たて　　　　　　）

④ 点㋐をもとにして、（横6cm，たて4cm）の位置に、赤色の丸をしましょう。

⑤ 点㋐をもとにして、（横0cm，たて6cm）の位置に、青色の丸をしましょう。

平面にある点の位置は、たてと横の２つの長さの組で表すことができるよ。

位置の表し方 ②

月　日

正答数　問／6問

1　●の位《い》置《ち》の表し方は、次のとおりです。

点㋐をもとにすると…
（横3cm，たて2cm，高さ3cm）

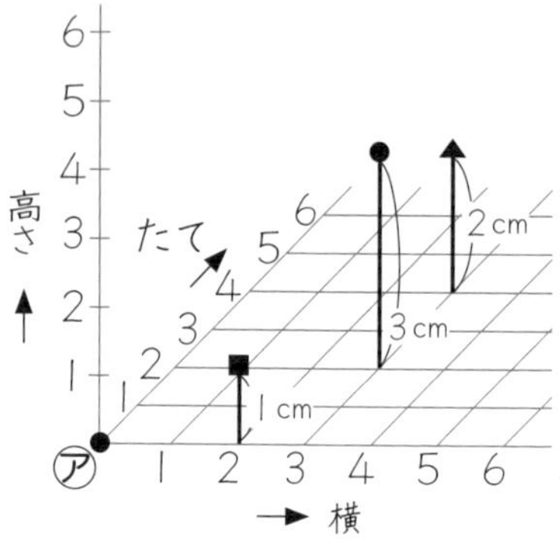

①　▲の位置を表しましょう。

（横　　　　　，たて　　　　　，高さ　　　　　）

②　■の位置を表しましょう。

（横　　　　　，たて　　　　　，高さ　　　　　）

2　点㋐をもとにして、㋑、㋒、㋓、㋔の位置を表しましょう。

㋑（横　　　，たて　　　，高さ　　　）

㋒（横　　　，たて　　　，高さ　　　）

㋓（横　　　，たて　　　，高さ　　　）

㋔（横　　　，たて　　　，高さ　　　）

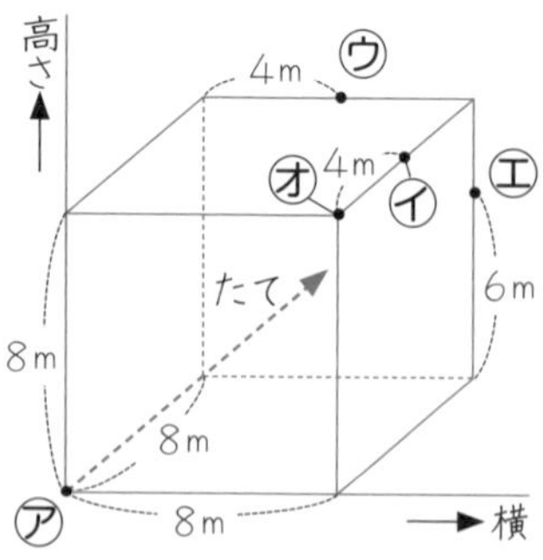

空間にある点の位置は、たてと横、高さの３つの長さの組で表すことができるんだね。

45 計算のきまり ①

月　日
正答数
問／3問

1　１本90円のえんぴつ６本と、１さつ130円のノートを５さつ買いました。代金はいくらになりますか。
　１つの式で表して計算しましょう。

式

答え

2　折《お》り紙《がみ》が150まいあります。25人の子どもに、１人４まいずつ配りました。残《のこ》りは何まいですか。
　１つの式で表して計算しましょう。

式

答え

3　６本で480円のえんぴつと、４さつで520円のノートを買いました。えんぴつ１本とノート１さつのねだんを合わせると何円ですか。
　１つの式で表して計算しましょう。

式

答え

初めから１つの式に表すのはむずかしいね。まずはそれぞれの式をつくってから、１つの式にまとめるようにするといいかも。

46 計算のきまり ②

月　日
正答数　問／7問

1 青字の計算のきまりを使って式を変《か》え、計算しましょう。

① $(\bigcirc\times\triangle)\times\square=\bigcirc\times(\triangle\times\square)$

$(27\times0.4)\times25=27\times(0.4\times25)=$

② $(\bigcirc+\triangle)+\square=\bigcirc+(\triangle+\square)$

$(27+0.4)+1.6=$

③ $\bigcirc\times\square+\triangle\times\square=(\bigcirc+\triangle)\times\square$

$27\times9+3\times9=$

④ $\bigcirc\times\square-\triangle\times\square=(\bigcirc-\triangle)\times\square$

$27\times5-7\times5=$

2 計算のきまりを使って式を変え、計算しましょう。

① $4.6\times8-2.6\times8=$

② $(24\times4)\times2.5=$

③ $2.5\times12+2.5\times18=$

計算のきまりを使うことで、むずかしい問題でも速く、正しく計算できるようになるんだね。

47

計算のきまり ③

月　日

正答数

問／3問

計算のきまり	例《れい》
○×△＝△×○	7×5＝5×7
○＋△＝△＋○	6＋10＝10＋6
(○×△)×□＝○×(△×□)	(7×8)×5＝7×(8×5)
(○＋△)＋□＝○＋(△＋□)	(6＋7)＋3＝6＋(7＋3)
(○＋△)×□＝○×□＋△×□	(8＋6)×5＝8×5＋6×5
(○－△)×□＝○×□－△×□	(8－5)×4＝8×4－5×4
○÷△＝(○×□)÷(△×□)	6.5÷1.5＝(6.5×4)÷(1.5×4)

計算には、上のようなきまりがあります。
　上の計算のきまりの１つを使って、□にあてはまる数を書きましょう。また、答えも求《もと》めましょう。

① 9.5×4＝(10－0.5)×4＝10×4－0.5×□
＝
＝

② (3.8×8)×2.5＝3.8×(8×□)
＝
＝

③ 3.5÷2.5＝(3.5×□)÷(2.5×4)
＝
＝

計算のきまりを使って、10や20のような数をつくると計算しやすいね！

48 変わり方

月　日
正答数
問／4問

1　マッチぼうを使って、絵のように三角形をつくりました。

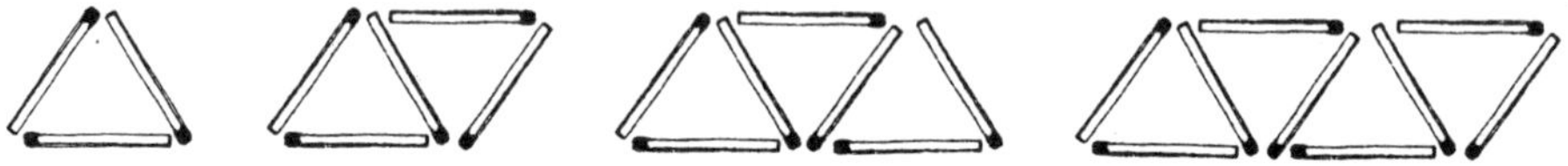

①　マッチぼうと三角形の数を表にまとめましょう。

三角形の数(こ)	1	2	3	4	5	6
マッチぼうの数(本)						

②　三角形が1こふえると、マッチぼうは何本ずつふえますか。　（　　　　）

③　三角形を10こつくるには、マッチぼうを何本使いますか。　（　　　　）

2　わたしが生まれたとき、お父さんは28さいでした。
わたしの11さいのたん生日には、お父さんは何さいですか。

式

答え

だれかとの年の差は、何年たってもちぢまらないよ。それは自分も相手も同じ年月をすごしているからだね。

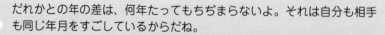

1 季節と生き物のようす ①

月　日
正答数　問／9問

1　春の生き物のようすについて、(　　)にあてはまる言葉を［　　］から選《えら》んで書きましょう。

あたたかくなると、南の方から日本にやってくる(① 　　　)などの(② 　　　)もふえてきます。

冬の間、葉を地面にはりつけていた(③ 　　　)などの草花も、あたたかくなるにつれて(④ 　　　)をのばし、葉をおこして(⑤ 　　　)をさかせるようになります。

花　くき　ツバメ　タンポポ　わたり鳥

2　次の①～④は、㋐～㋓のどの動物について書いたものですか。(　　)に記号で書きましょう。

① ナナホシテントウのよう虫がアブラムシを食べています。　(　　)

② オンブバッタのよう虫が大きくなってきています。　(　　)

③ オオカマキリがえさをさがしています。　(　　)

④ オタマジャクシの後ろ足が出てきました。　(　　)

㋐　㋑　㋒　㋓

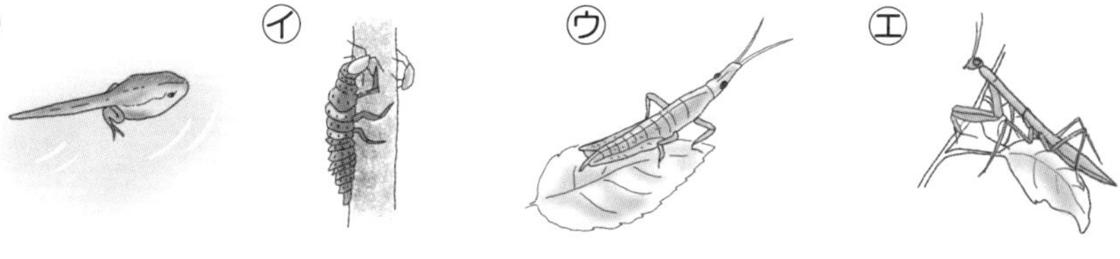

春から夏にかけての近くの野原や池にいる動物や植物について調べてみたよ。見たことのないものは、図かんなどで調べてみよう。

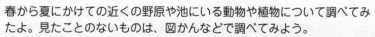

2 季節と生き物のようす ②

月　日　正答数　問／7問

1　次の①～④は、㋐～㋓のどの動物について書いたものですか。(　)に記号を書きましょう。

① めすの上におすのオンブバッタが乗っています。(　　)

② エノコログサにナナホシテントウがとまっています。(　　)

③ トノサマガエルが小さい虫を食べています。(　　)

④ オオカマキリが草のくきにたまごをうんでいます。(　　)

㋐

㋑
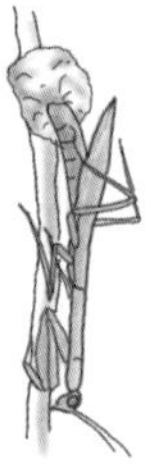

㋒

㋓
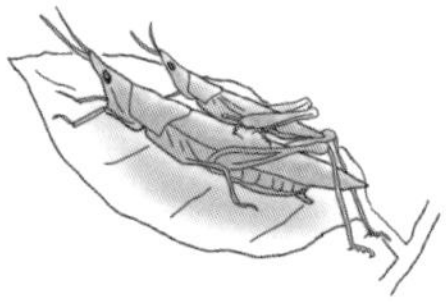

2　動物の冬のすごし方はいろいろです。(　)にあてはまる言葉を［　］から選《えら》んで書きましょう。

わたり鳥には、(①　　　　)のように南の(②　　　　)地方へわたるものや、(③　　　　)のように寒い北から日本へわたってくるものがいます。

ツバメ　　カモ　　あたたかい

秋から冬にかけての近くの野原や池にいる動物や植物について調べてみたよ。住たく地がふえて虫やカエルを見られる場所もへっちゃったね。

3

天気のようすと気温

月　日

正答数　問／9問

（　　）にあてはまる言葉を［　　］から選《えら》んで書きましょう。

晴れの日の気温

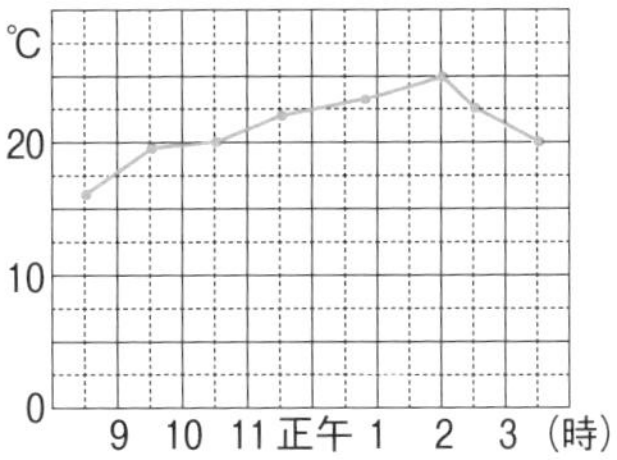

くもりの日の気温

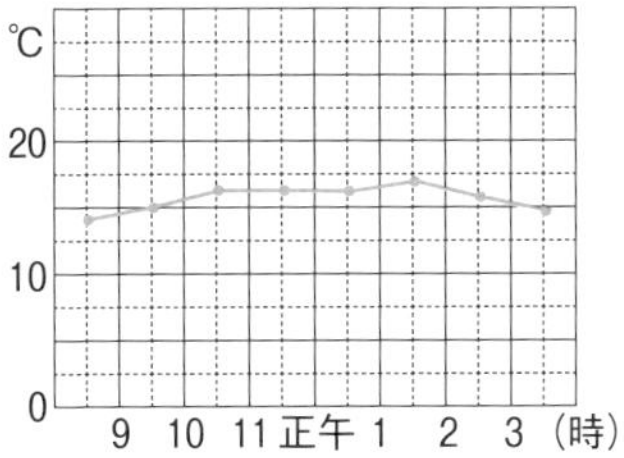

雨の日の気温

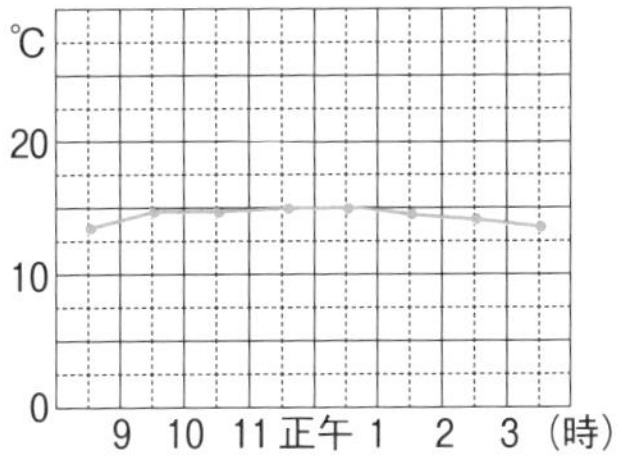

晴れの日の気温は、朝夕は（①　　　　）、昼すぎに（②　　　　）なり、1日の気温の変化《へんか》が（③　　　　）なります。くもりの日や雨の日には、1日の気温の変化が（④　　　　）なります。

晴れの日の最高《さいこう》気温は、（⑤　　　　）ではありません。午後1～2時ごろにずれます。それは、まず（⑥　　　　）が（⑦　　　　）をあたためて、その（⑦）から（⑧　　　　）に熱《ねつ》が伝《つた》わるのに時間がかかるためです。

1日の最低《さいてい》気温は、太陽が地面をあたためはじめる（⑨　　　　）前になります。

大きく	小さく	高く	低《ひく》く	正午
地面	日の出	空気	日光	

夏日・真夏日・もう暑日はその日の最高気温で決まるんだ。夏日は25℃以上、真夏日は30℃以上、もう暑日は35℃以上なんだって。

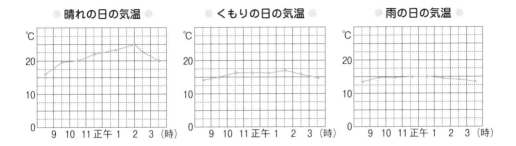

4 電気のはたらき ①

月　日
正答数　問／7問

1　（　）にあてはまる言葉を［　］から選《えら》んで書きましょう。

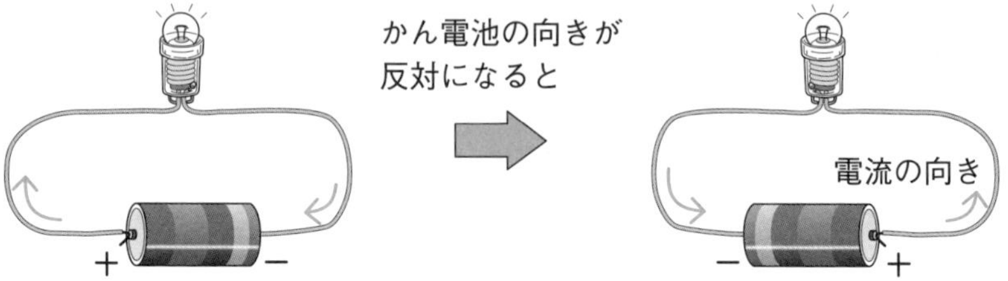

電流は、かん電池の（①　　　）から出て（②　　　）へ流れます。

また、かん電池の向きが反対になると流れる電流の向きも（③　　　）になります。

［ −極《きょく》　＋極　反対 ］

2　けん流計について、（　）にあてはまる言葉を［　］から選んで書きましょう。

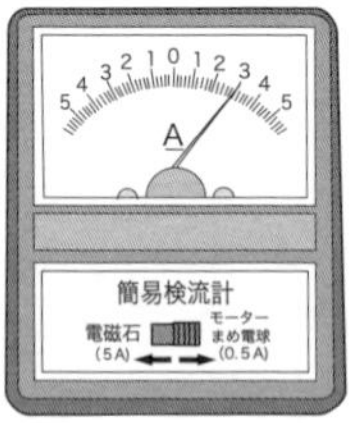

けん流計を使うと電流の流れる（①　　　）と（②　　　）を調べることができます。

（③　　　）のはりは、電流が大きいほどふれはばは（④　　　）なります。

［ けん流計　向き　大きく　大きさ ］

電流自体を目で見ることはできないよ。でも、けん流計を使うとはりのふれる方向で、電流の向きがわかるんだね。

5 電気のはたらき ②

月　日
正答数　問／8問

1　次の(　　)のうち、正しい方に○をつけましょう。

図1
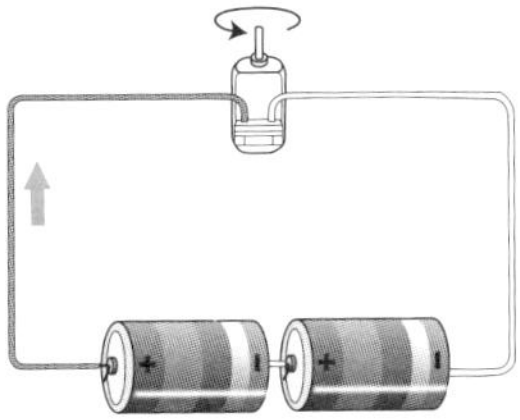

図2
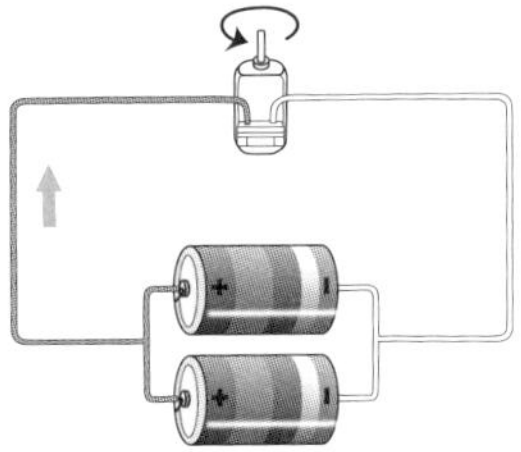

図1のつなぎ方を(①直列・へい列)つなぎといい、図2のつなぎ方を(②直列・へい列)つなぎといいます。

かん電池1このときとくらべて、モーターが速く回るのは(③直列・へい列)つなぎで、同じぐらいの速さで回るのは(④直列・へい列)つなぎです。(⑤直列・へい列)つなぎにすると、かん電池1このときよりも電流が長い時間流れます。

2　次の㋐～㋒のうち、Ⓐとくらべてモーターが速く回るものには○、長い時間回るものには△、モーターが回らないものには×をつけましょう。

Ⓐ
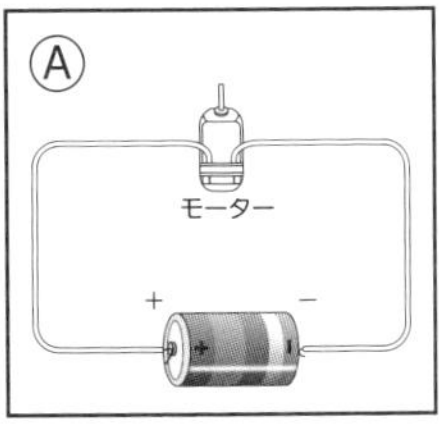

㋐（　　）
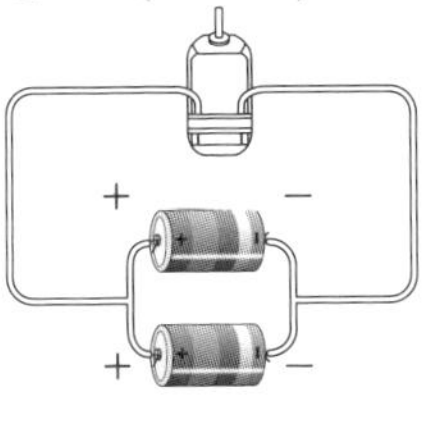

㋑（　　）
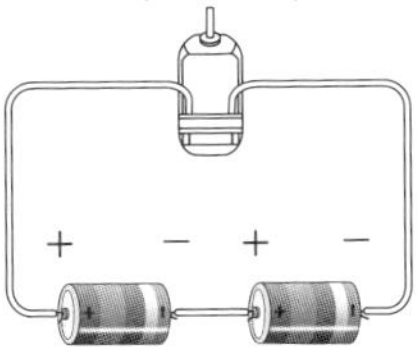

㋒（　　）
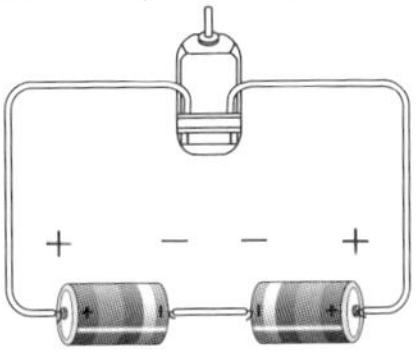

直列とへい列は、「直列は、電池が真っ直ぐつながっている」、「へい（並）列は、電池が横になら（並）んでつながっている」と覚えよう。

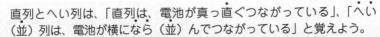

6 空気と水 ①

月　日
正答数
問／9問

（　　）にあてはまる言葉を［　　］から選《えら》んで書きましょう。

(1)　空気でっぽうは、前玉と後玉でつつの中に（①　　　　）をとじこめます。（②　　　　）をおしぼうでおすと、つつの中の空気は（③　　　　）られます。

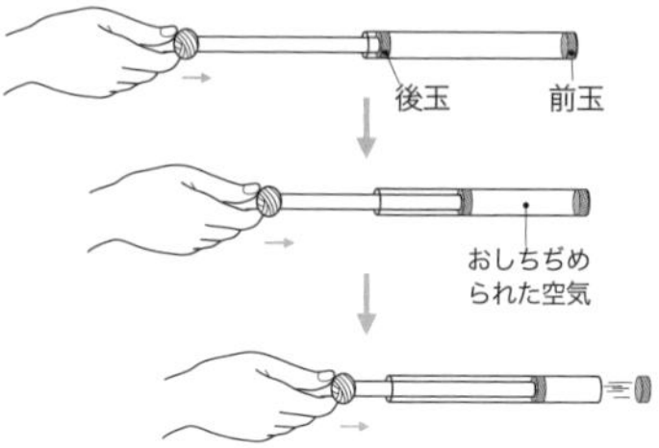

空気　　おしちぢめ　　後玉

(2)　空気は（①　　　　）られると、体積《たいせき》は（②　　　　）なり（③　　　　）とする力がはたらきます。

小さく　　おしちぢめ　　元にもどろう

(3)　前玉と後玉の間の空気がちぢんで、（①　　　　）とする力で、前玉と後玉の両方をおします。しかし、後玉は、おしぼうでおさえられているので、（②　　　　）の方がおし出され、前玉が（③　　　　）。

飛《と》びます　　元にもどろう　　前玉

空気は目には見えないけど、1L＝約1.293g（0℃のとき）とちゃんと重さがあるんだよ。水は、1L＝1000gだから全然重さがちがうね。

7 空気と水 ②

月　日
正答数
問／9問

（　　）にあてはまる言葉を［　　］から選《えら》んで書きましょう。

(1)　図1のように㋐の注《ちゅう》しゃ器《き》に空気を、㋑の注しゃ器に水をとじこめて指でおします。ピストンが下がるのは（①　　）の方で（②　　）は下がりません。力を加《くわ》えると、空気の体積《たいせき》は（③　　）なり、水の体積は（④　　）。また、空気はおしちぢめられたとき（⑤　　）とする力がはたらきますが、水では元にもどる力もはたらきません。

図1

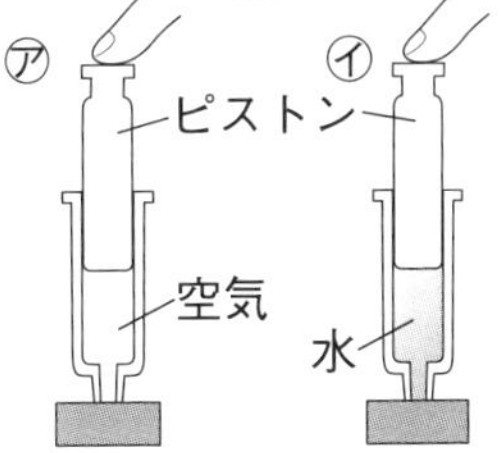

変《か》わりません	小さく	元にもどろう	㋐	㋑

(2)　図2のように㋐には水だけ、㋑には水と（①　　）をとじこめました。

　ピストンをおしたとき、下がるのは（②　　）の方で（③　　）は下がりません。

　これは空気に（④　　）せいしつがあり、水にはないからです。

図2

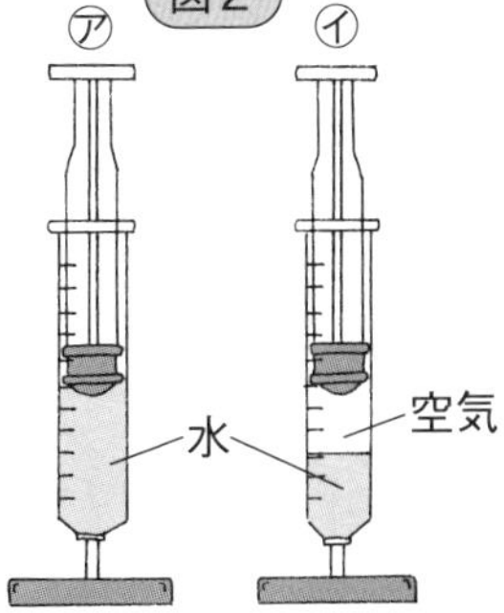

㋐	㋑	空気	おしちぢめられる

空気はおしちぢめられると、元にもどろうとする力がはたらくんだよ。

8 月や星の動き ①

月　日

正答数　問／8問

1　次の図は、いろいろな形の月を表したものです。㋐から変《か》わっていく順《じゅん》に（　　）に記号で書きましょう。

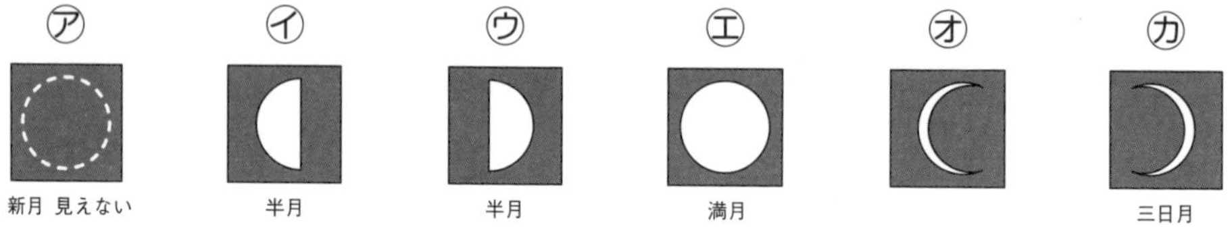

㋐→（　　）→（　　）→（　　）→（　　）→（　　）→㋐

2　月の見え方や動き方を調べたカードが2まいあります。（　　）にあてはまる言葉を［　　］から選《えら》んで書きましょう。

㋐

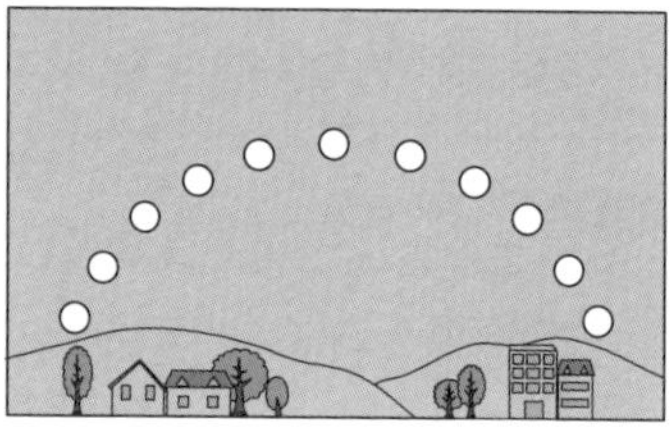

㋑

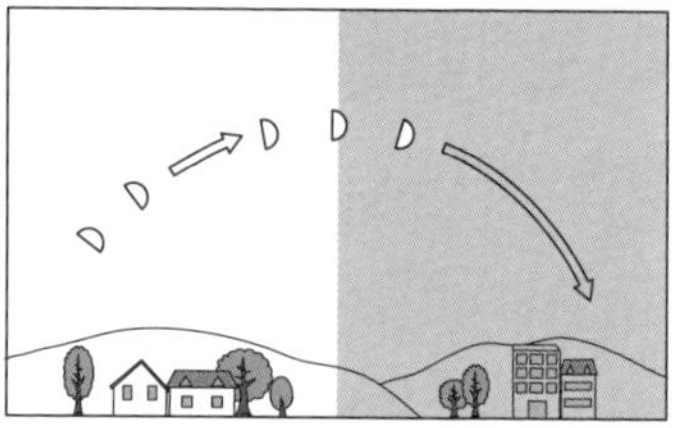

月の（①　　　）は、日によって変わります。㋐の形の月を（②　　　）、㋑の形の月を（③　　　）といいます。

月の動き方は（④　　　）の動き方ににています。

どの形の月も、すべて（⑤　　　）の空から出て、（⑥　　　）の空を通り、（⑦　　　）の空にしずみます。

満月《まんげつ》　半月　東　西　南　形　太陽

1の㋒と2の㋑は、上げんの月のことだよ。日ぐれに南中して、真夜中にしずむんだ。満月は日ぼつ後に出て、明け方にしずむんだって。

月や星の動き ②

月　日
正答数
問 /11問

1 次の図は夏の大三角を表しています。①～③には星の名前を、㋐～㋒には星ざの名前を [　　] から選《えら》んで書きましょう。

①（　　　　　　）

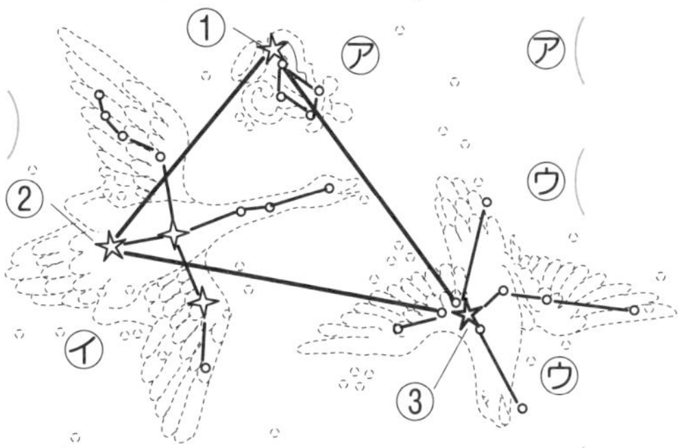

②（　　　　　　）

㋐（　　　　　　ざ）

㋒（　　　　　　ざ）

㋑（　　　　　　ざ）

③（　　　　　　）

はくちょう　　こと　　わし　　ベガ　　アルタイル　　デネブ

2 次の文で正しいものには○、まちがっているものには×をつけましょう。

①（　　）星にはいろいろな色があります。

②（　　）1等星は2等星より暗い星です。

③（　　）北極星《ほっきょくせい》はほぼ真北にあり、見える位置《いち》はほとんど変《か》わりません。

④（　　）星ざの星のならび方は、いつも同じです。

⑤（　　）南の空に見える星の動きは、太陽の動きと同じで東から西へ動きます。

うちゅうにうかぶ天体である太陽も月も地球も、星の1つだね。夜空に光って見える星は、うちゅうにある太陽ににた星が光っているんだよ。

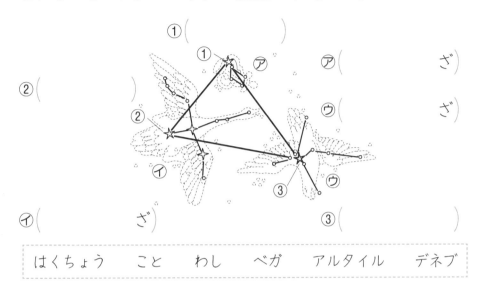

10 水のゆくえ

月　日
正答数
問／8問

1　次の文で正しいものには○、まちがっているものには×をつけましょう。

① （　　）　水は、低《ひく》いところから高いところへ流れて集まります。

② （　　）　土のつぶが大きい方が水はしみこみやすいです。

③ （　　）　目に見えないすがたに変《か》わった水を水じょう気といいます。

④ （　　）　空気中の水じょう気が冷《ひ》やされて、水てきがつくことを結《けつ》ろといいます。

2　（　　）にあてはまる言葉を［　　］から選《えら》んで書きましょう。

次の図のように、３日間コップを置《お》いておくと㋑のラップシートには水のつぶがついて、水の量《りょう》がへっていました。

また、㋐の水の量も（①　　　　）いました。

これは、水が（②　　　　）して、空気中へ（③　　　　）となって出ていったからです。日かげより（④　　　　）の方がはやくじょう発します。

へって	日なた	水じょう気	じょう発

身の回りで、水がじょう発している場面をさがしてみよう。たとえば、せんたくものがかわくとき、水はじょう発しているね。

11

動物の体のつくり ①

月　日

正答数

問／9問

次の図はヒトの体のほねのようすです。①～⑤の文は、どの部分について説明《せつめい》したものですか。

（　）には図の記号を書き、□にはその名前を⬚から選《えら》んで書きましょう。（⑤は説明に合う名前を書きましょう。）

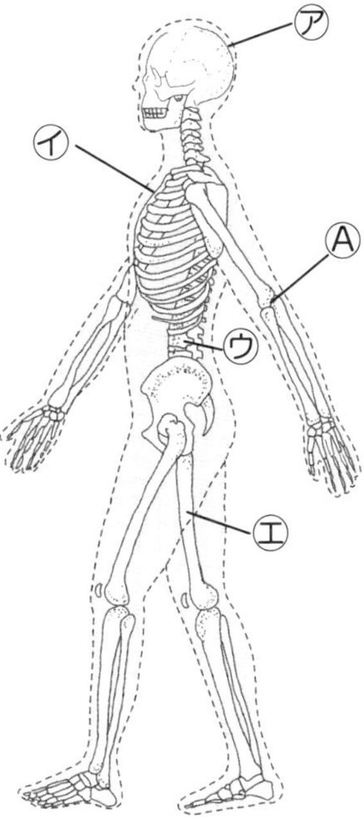

① 丸くてかたく、のうを守っている。

（　　）□のほね

② 立って歩くために、両方で体をささえている。

（　　）□のほね

③ はいや心ぞうなどを守っている。

（　　）□のほね

④ 体をささえる柱のような役わりをしている。

（　　）□のほね

⑤ Ⓐのような、ほねとほねのつなぎ目で体の曲がるところ。

□

足　せなか　関節《かんせつ》　むね　頭

人体にあるほねの大きな役目は、体をささえるため（②、④）、体の大切な部分を守るため（①、③）の２つあるんだね。

12 動物の体のつくり ②

月　日
正答数
問 /10問

次の図はヒトのきん肉の図です。

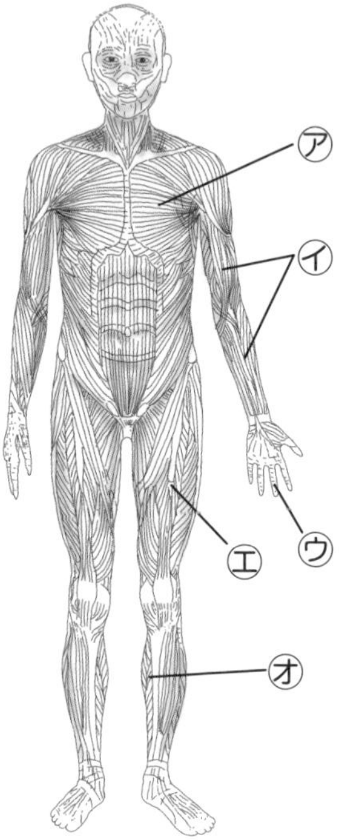

(1) 次のきん肉は、図のどのきん肉ですか。記号で答えましょう。

① ゆびのきん肉 (　　)

② うでのきん肉 (　　)

③ むねのきん肉 (　　)

④ ふとももののきん肉 (　　)

⑤ ふくらはぎのきん肉 (　　)

(2) (　　)にあてはまる言葉を[　　]から選《えら》んで書きましょう。

わたしたちは、(①　　　)についているきん肉を(②　　　)たり、ゆるめたりすることで(③　　　)を動かすことができます。

うでを曲げるときには、内側《うちがわ》のきん肉は(④　　　)、外側のきん肉は(⑤　　　)ます。

ゆるみ	体	ほね	ちぢめ	ちぢみ

きん肉は、のびちぢみすることで動物の体や内ぞうを動かしているよ。
また、体の形もきん肉が形づくっているんだよ。

13

温度によるかさの変化 ①

月　日

正答数　問／7問

（　　）にあてはまる言葉を［　　］から選《えら》んで書きましょう。

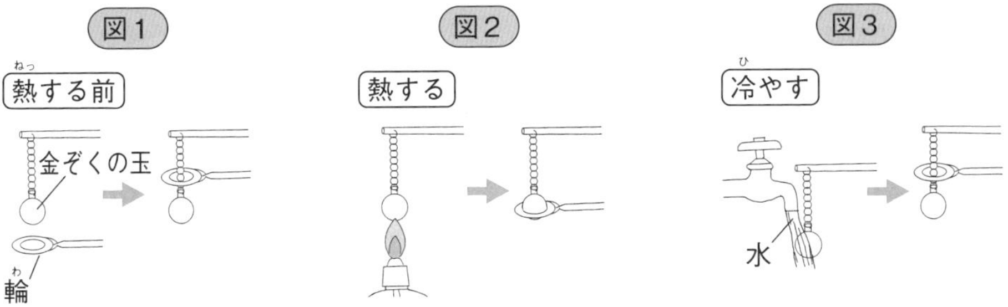

図1の金ぞくの玉は輪《わ》を（①　　　　　　）が、図2で金ぞくの玉を熱《ねっ》すると輪を（②　　　　　　）。通らなくなった金ぞくの玉を図3のように（③　　　　　　）とふたたび輪を（ ① ）。この実験《じっけん》から金ぞくはあたためると体積《たいせき》が（④　　　　　　）なり、冷《ひ》やすと体積が（⑤　　　　　　）なることがわかります。

空気と水と金ぞくは、（⑥　　　　　　）と体積が大きくなり、（ ③ ）と体積は小さくなります。このうち温度による体積の変化《へんか》が一番小さいのは（⑦　　　　　　）です。

通ります	通りません	冷やす	大きく
小さく	金ぞく	あたためる	

水も、金ぞくや空気と同じように、冷やすと体積が小さくなるけど、氷になると体積は大きくなるんだ。ふしぎだね。

温度によるかさの変化 ②

1　（　）にあてはまる言葉を［　］から選《えら》んで書きましょう。

ジャムのびんのふたなど、金ぞくのふたが開かなくなったら（①　　　）の中に入れて、ふたを（②　　　）ます。

すると、金ぞくは、かさが（③　　　）て、ふたが少し（④　　　）なり、開けることができます。

鉄道のレールを見ると、つなぎ目に少しすき間があります。これは、夏の（⑤　　　）で、レールが（⑥　　　）も線路が曲がらないようにするためなのです。

大きく	湯	ふえ	あたため	暑さ	のびて

2　（　）にあてはまる言葉を［　］から選んで書きましょう。

金ぞくや水、空気などは、その温度が上がると、かさは（①　　　）ます。金ぞくや水、空気などは、その温度が下がると、かさは（②　　　）ます。

温度によるかさの変化《へんか》は、金ぞく、水、空気によってちがいます。空気の変化は、金ぞくや水より（③　　　）、金ぞくの変化は、水や空気より（④　　　）なります。

へり	ふえ	大きく	小さく

温度の変化によって、金ぞく、水、空気のかさはふえたりへったりするんだったね。

15

物のあたたまり方

月　日

正答数

問／5問

1　金ぞくの板の表面ア、イ、ウ、エ（•点）の位置《いち》にろうをぬり、●印《じるし》のところをアルコールランプで熱《ねっ》します。

Ⓐ、Ⓑ、Ⓒの板で、ろうのとける順番《じゅんばん》を（　）に記号で書きましょう。

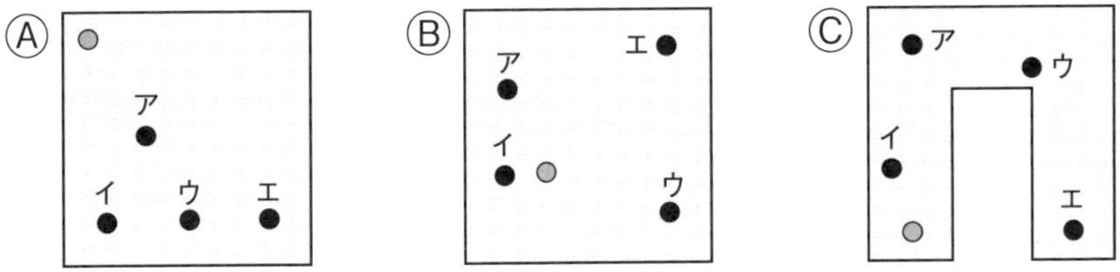

Ⓐ（ ア ）→（　　）→（　　）→（　　）

Ⓑ（　　）→（　　）→（　　）→（　　）

Ⓒ（　　）→（　　）→（　　）→（　　）

2　ビーカーに水を入れて、アルコールランプであたためたときの水の動きのようすを図に矢印《やじるし》（ → ）で書き表しました。

正しい図を２つ選《えら》んで○をつけましょう。

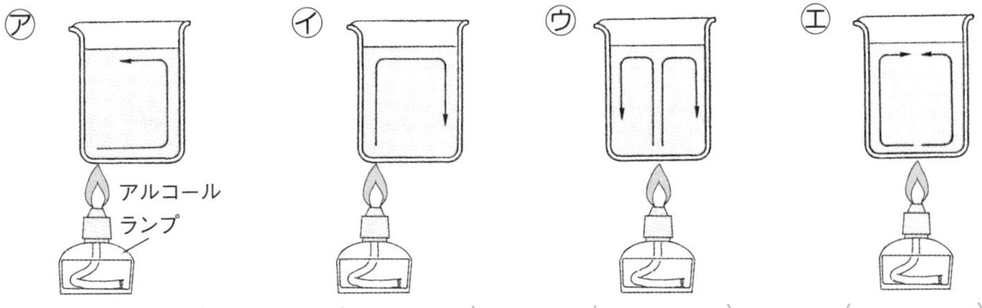

（　　）（　　）（　　）（　　）

水は下から熱しても、あたたかい水が上の方に上っていき、冷たい水が下に流れてくるんだね。熱し続けることで、水全体があたたまるよ。

16

水のすがた

月　日
正答数
問／9問

1　(　　)にあてはまる言葉を[　　]から選《えら》んで書きましょう。

(1)　水は(①　　　　)によって、氷や(②　　　　　　)にすがたを変《か》えます。水のようなすがたを(③　　　　　)、氷のようなかたまりを(④　　　　　)、水じょう気のような目に見えないすがたを(⑤　　　　　)といいます。水は(⑥　　　　)度でこおり始め、(⑦　　　　　)度くらいになるとふっとうします。

えき体	気体	固体《こたい》	水じょう気	温度	100	0

2　㋐～㋒の中で正しいものを2つ選んで○をつけましょう。

㋐　(　　)　水は、氷になると体積《たいせき》が大きくなります。

㋑　(　　)　水が変化して気体になると、えき体にはもうもどりません。

㋒　(　　)　固体の氷がえき体の水になる温度と、えき体の水が固体の氷になる温度は同じです。

水の体積は、こおるときに約1.1倍になり、水じょう気になるときには約1700倍にもなるんだって。

1 ごみのしょり ①

月　日

正答数　問／6問

1　次の図は、家の近くにあるごみステーションにしめされている表です。

①　紙くずや生ごみなどもえるごみは、いつ出しますか。

（　　　　　　　　　　）

②　毎週水曜日に出すごみはどんなごみですか。

（　　　　　　　　　　）

③　ごみは、決められた日の何時までに出しますか。

（　　　　　　　　　　）

2　次の図は、ごみをしょりするせいそう工場のようすです。

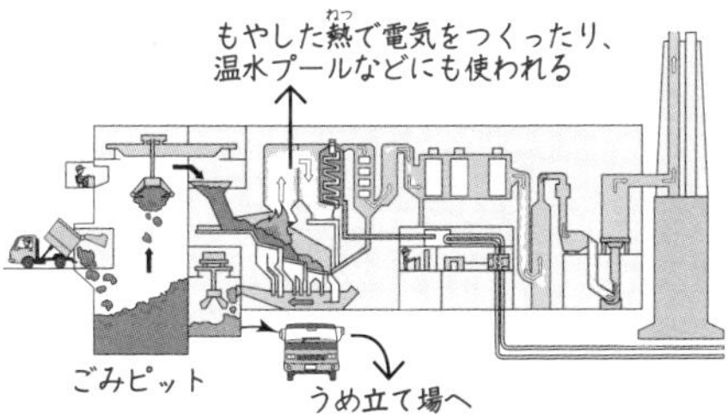

①　ごみを集めて、ためておくところを何といいますか。

（　　　　　　　　　　）

②　もやした熱は何に使われていますか。

（　　　　　　　　　　）（　　　　　　　　　　）

③　もやしてできたはいは、どこへ持っていきますか。

（　　　　　　　　　　）

ごみのしゅう集の仕方は、市町村によってさまざまだよ。となりの町でもちがっていたりするから、引っこすと覚えるのが大変なんだよね。

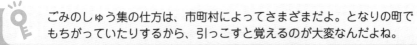

2 ごみのしょり ②

月　日
正答数　問／7問

1　ごみをへらすための考え方に、「3R《スリーアール》」があります。①～③に合うものを線で結《むす》びましょう。

① リユース（R）（すてずに何回も使う）　•　　•㋐ 新聞紙を、しげんごみに出して再生《さいせい》紙をつくる。

② リサイクル（R）（使ったものを一度原料《げんりょう》にして新しいせい品をつくる）　•　　•㋑ 飲んだ牛にゅうびんは、牛にゅう屋さんに返す。

③ リデュース（R）（ごみをできるだけ出さないようにする）　•　　•㋒ マイバッグを使う。

2　次の㋐～㋓のような品物はどのしげんごみからリサイクルして作られますか。［　　］から選《えら》んで書きましょう。

㋐ アルミかん　（　　　　）

㋑ ごみぶくろ、シート、バッグ　（　　　　）

㋒ ビールびん　（　　　　）

㋓ ノート、本、トイレットペーパー　（　　　　）

［ペットボトル　古新聞　あきかん　あきびん］

マイバックを使うことで、まずはふだん使っているしげんをへらしていくことも大切だね。昔はふろしきがマイバックの代わりだったよ。

3 くらしと水 ①

月　日

正答数　問／4問

次の図は、水の流れをまとめたものです。
□にあてはまる言葉を□から選《えら》んで書きましょう。

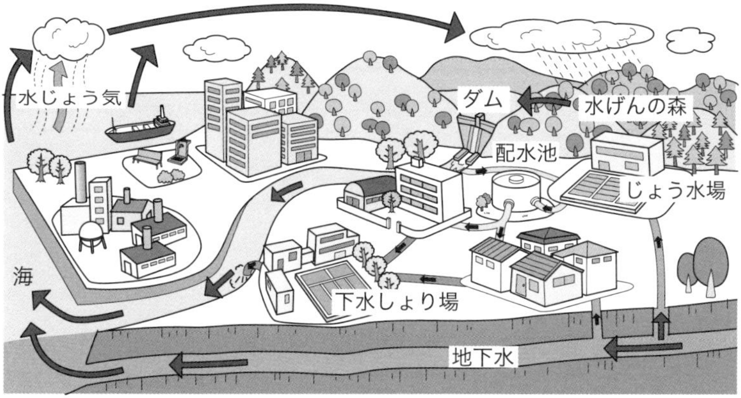

① □（ふった雨水をたくわえる）→ ② □ → ③ □ → 家庭・学校など → ④ □ → 川から海へ → 雨 → ①

下水しょり場　　じょう水場　　水げんの森　　ダム

じょう水場のじょうは“浄”と書くけど、ここから各家庭へ送られる水のことは、“上水”とよんでいるよ。飲み水などにもなっているよ。

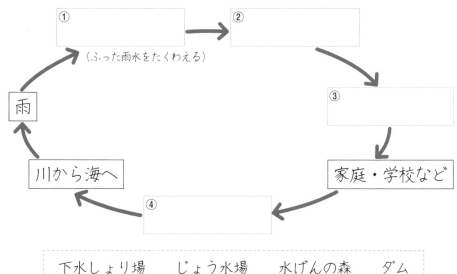

4

くらしと水 ②

月　日

正答数　問／6問

1　次の文で、じょう水場のことにはⒶ、下水しょり場のことにはⒷを書きましょう。

㋐（　　）家庭や工場などで使われた水をきれいにする。

㋑（　　）川の水を取り入れて、飲める水にする。

2　次の図は、じょう水場のしくみを表しています。㋐～㋓の名前を［　　］から選《えら》んで書きましょう。

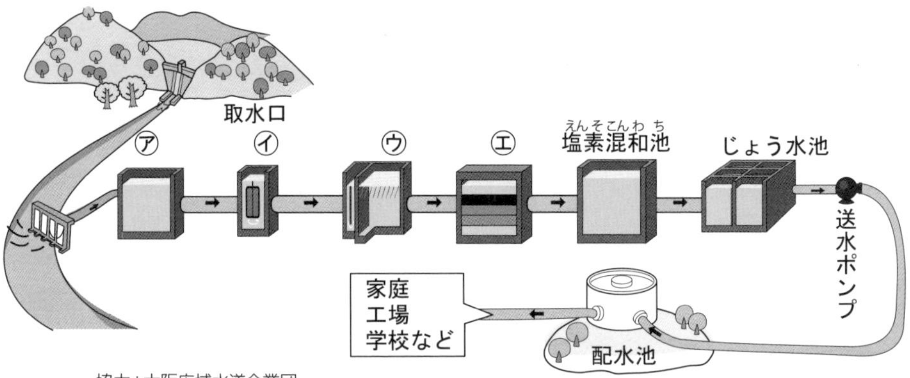

協力：大阪広域水道企業団

㋐（　　　　　　）　㋑（　　　　　　）

㋒（　　　　　　）　㋓（　　　　　　）

かくはん池　　ちんでん池　　ろか池　　ちんさ池

下水しょり場は前ページの“上水”を使用して、“下水”として送られてきたよごれた水を、川などに流せるようにキレイにする場所だよ。

5

自然災害から人々を守る ①

月　日

正答数

問／5問

次の地図を見て、あとの問いに答えましょう。

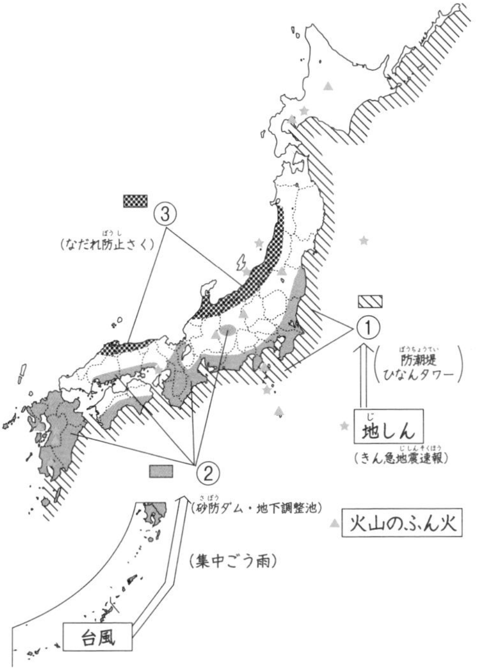

(1)　①～③の災害《さいがい》を［　　］から選《えら》んで書きましょう。

①	
②	
③	

雪害　　津波《つなみ》　　風水害

(2)　日本のどこでおきてもふしぎではないが、特《とく》に1995年の阪神《はんしん》・淡路《あわじ》や、2011年の東日本でおきた災害は何ですか。

（　　　　　　　　）

(3)　2011年に東日本でおきた災害は、何を引き起こしましたか。［　　］から選んで書きましょう。

（　　　　　　　　）

昔の人は、おそれているもの順に「じしん・かみなり・かじ」といっていたみたい。火事は人が気をつけることでへらせることだね。

6 自然災害から人々を守る②

月　日

正答数　問／8問

自然災害《しぜんさいがい》にそなえた取り組みです。□と（　）にあてはまる言葉を□から選《えら》んで書きましょう。

Ⓐ □（市町村・消防《しょうぼう》・警察《けいさつ》）

- （①　　　）の作成《さくせい》
- 電気などのライフライン
- 人命救助《きゅうじょ》

Ⓑ □（近所・地いき）

- 救出訓練《くんれん》
- （②　　　）場所にいっしょに行く
- （③　　　）倉庫《そうこ》の点けん

Ⓒ □（家族）

- （④　　　）や飲《いん》料水《りょうすい》をそなえる
- （⑤　　　）などがたおれないようにする
- 家族で安全かくにんをする

Ⓐ～Ⓒ

公助　自助　共助《きょうじょ》

①～⑤

ひなん　ハザードマップ
家具　ぼうさい　食料品

ふせぐのがむずかしい災害も多いけど、そなえることはできるね。

7

地いきを開く①（通潤橋）

月　日

正答数
問／6問

次の図やグラフは、熊本《くまもと》県白糸台地《しらいとだいち》を表しています。あとの問いに答えましょう。

〈通潤橋《つうじゅんきょう》のしくみ〉

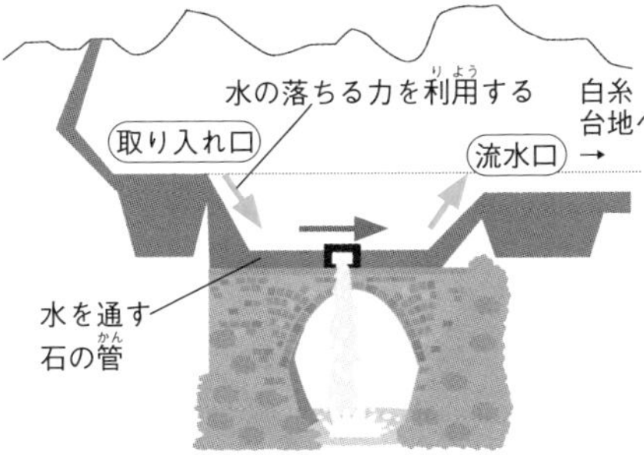

〈通潤橋ができる前後の田の広さ〉

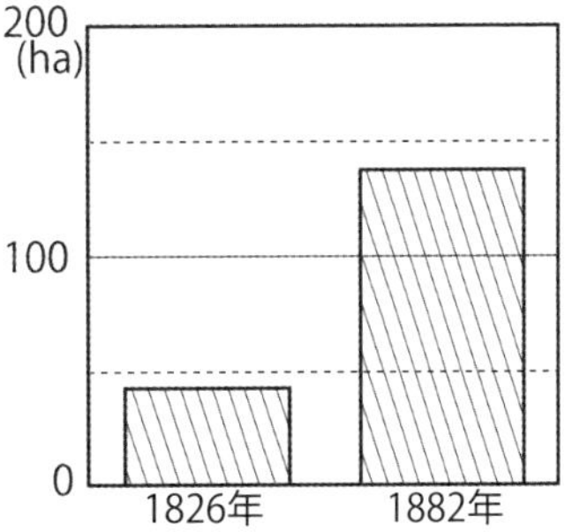

(1)（　　）にあてはまる言葉を［　　］から選《えら》んで書きましょう。

白糸台地は、近くに川があるのに、（①　　　　）にかこまれているため、水を引くことがむずかしい土地でした。

そこで通潤橋という（②　　　　）をかけました。橋の取り入れ口から、いきおいよく水が（③　　　　）を利用し、しっくいで水がもれない（④　　　　）の管を作ることで、（⑤　　　　）に水が引けるようになりました。

深い谷　落ちる力　石　台地　橋

(2) 1882年の田の広さは、1826年の約《やく》何倍になりましたか。

約（　　　　）倍

「しっくい」とは、石と石をつなぎ合わせるのりの役目をするものだよ。
何度も実験して、特別なしっくいをつくったんだって！

8

地いきを開く ②（那須疏水）

月　日

正答数　問／4問

次の写真と図は、栃木《とちぎ》県那須野《なすの》が原《はら》（台地）と那須疏水《なすそすい》のようすを表しています。あとの問いに答えましょう。

〈水が流れていない川〉

©那須野ヶ原土地改良区連合

〈ふせこし〉

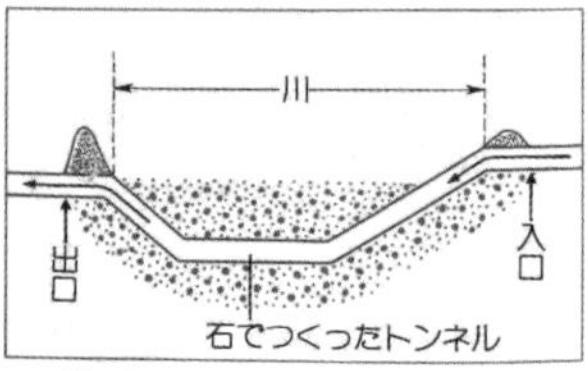

©那須野ヶ原土地改良区連合

(1)（　　）にあてはまる言葉を［　　］から選《えら》んで書きましょう。

那須野が原はあれた原野で水がない土地でした。と中に水が流れていない川があり、水を引く工事はかんたんではありませんでした。なんとか工事を終えても、水はまだ足りませんでした。そこで、川の（①　　　　）に（②　　　　）を作る工事をしました。その後ダムも作られ、（③　　　　）にも水を使うことができるようになりました。

ふせこし　　底《そこ》　　農業

(2) (1)の工事で土をほり出す道具に○をつけましょう。

① てんびん（　　）　② くわ（　　）　③ もっこ（　　）

©那須野が原博物館

「ふせこし」とは、川のさらに下を通る水路のことだよ。とてもむずかしい工事だったそうだよ。

9 日本の国土

月　日

正答数　問／8問

次の日本地図を見て、㋐～㋗の地方名を［　］から選《えら》んで書きましょう。

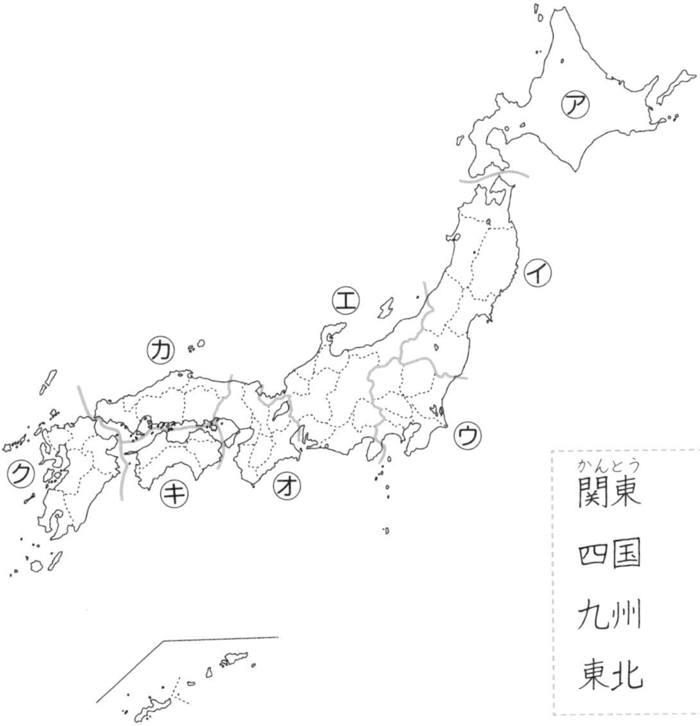

関東《かんとう》　中部
四国　北海道
九州　中国
東北　近畿《きんき》

㋐	地方	㋑	地方
㋒	地方	㋓	地方
㋔	地方	㋕	地方
㋖	地方	㋗	地方

8つの地方をすべていえるようになっておくと、大人の会話にもついていけるかも。地図帳を活用して覚えてみよう。

10

北海道・東北地方

月　日

正答数

問／7問

表のヒントは、それぞれの県を代表するものです。地図やヒントから、①～⑦の県名を［　　］から選《えら》んで書きましょう。

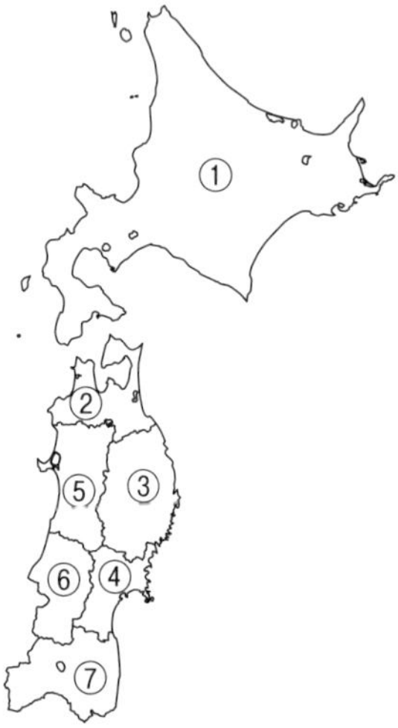

岩手《いわて》	山形《やまがた》
青森《あおもり》	宮城《みやぎ》
秋田《あきた》	福島《ふくしま》
北海《はっかい》	

	県　名	ヒント
①	道	乳牛《にゅうぎゅう》
②	県	りんご
③	県	中尊寺《ちゅうそんじ》（平泉《ひらいずみ》）
④	県	松島《まつしま》
⑤	県	なまはげ
⑥	県	さくらんぼ
⑦	県	野口英世《のぐちひでよ》

乳牛

りんご

中尊寺（平泉）

松島

なまはげ

さくらんぼ

野口英世

ヒントの地名や名所は、地図帳にものっているはずだよ。番号順に県名を覚えていこう。

11

関東地方

月　日

正答数　問／7問

表のヒントは、それぞれの県を代表するものです。地図やヒントから、①～⑦の県名を［　　］から選《えら》んで書きましょう。

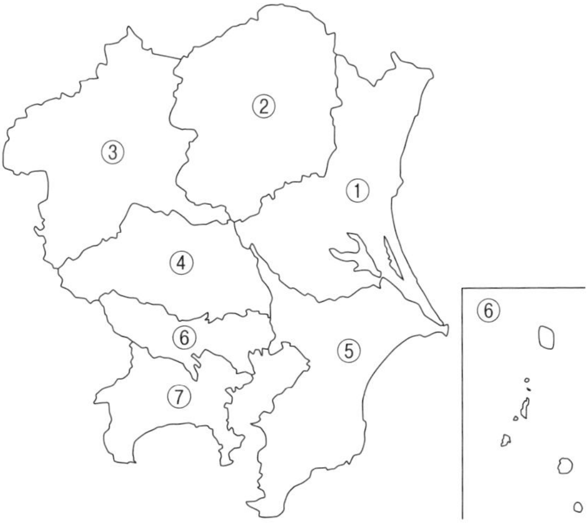

埼玉《さいたま》　千葉《ちば》
栃木《とちぎ》　東京《とうきょう》
群馬《ぐんま》　茨城《いばらき》
神奈川《かながわ》

	県　名	ヒント
①	県	水戸納豆《みとなっとう》
②	県	ぎょうざ
③	県	草津温泉《くさつおんせん》
④	県	草加《そうか》せんべい
⑤	県	成田国際《なりたこくさい》空港
⑥	都	国会議事堂《ぎじどう》
⑦	県	中華街《ちゅうかがい》

水戸納豆

ぎょうざ

草津温泉

草加せんべい

成田国際空港

国会議事堂

中華街

都道府県は関連づけをして覚えていくといいよ。たとえば関東地方では、海にとなりあわない県が栃木、群馬、埼玉の３つ、とかね！

12

中部地方

月　日

正答数

問／9問

表のヒントは、それぞれの県を代表するものです。地図やヒントから、①～⑨の県名を［　　］から選《えら》んで書きましょう。

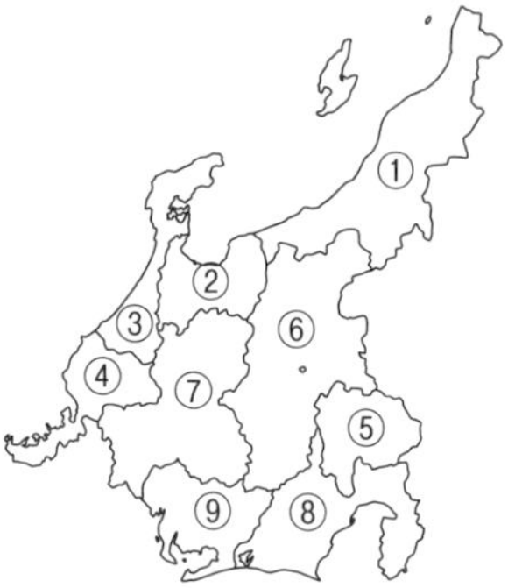

山梨《やまなし》　石川《いしかわ》
新潟《にいがた》　愛知《あいち》
長野《ながの》　岐阜《ぎふ》
静岡《しずおか》　富山《とやま》
福井《ふくい》

	県　名	ヒント
①	県	コシヒカリ
②	県	チューリップ
③	県	輪島《わじま》ぬり
④	県	越前《えちぜん》ガニ
⑤	県	ぶどう
⑥	県	信州《しんしゅう》そば
⑦	県	白川郷《しらかわごう》
⑧	県	お茶
⑨	県	自動車

コシヒカリ

チューリップ

輪島ぬり

越前ガニ

ぶどう

信州そば

白川郷

お茶

自動車

中部地方の海のない県は山梨、長野、岐阜の３つだね。愛知や静岡のように形が特ちょう的だと覚えやすいかも。

13 近畿地方

月　日

正答数 問／7問

表のヒントは、それぞれの県を代表するものです。地図やヒントから、①～⑦の県名を［　　］から選《えら》んで書きましょう。

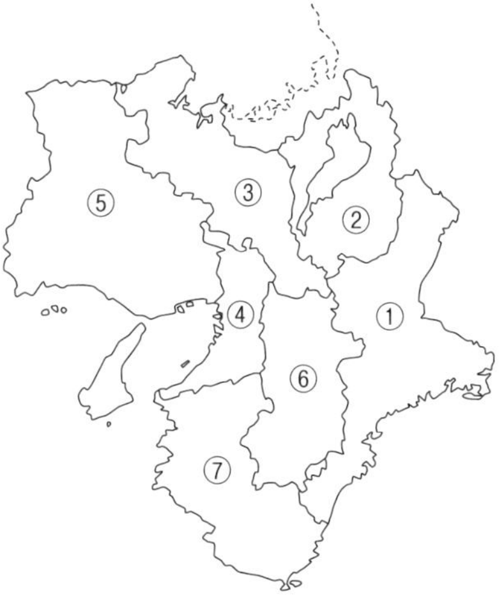

京都《きょうと》　奈良《なら》
三重《みえ》　大阪《おおさか》
滋賀《しが》　兵庫《ひょうご》
和歌山《わかやま》

	県　名	ヒント
①	県	伊勢神宮《いせじんぐう》
②	県	琵琶湖《びわこ》
③	府《ふ》	金閣《きんかく》
④	府	たこ焼《や》き
⑤	県	甲子園《こうしえん》球場
⑥	県	東大寺《とうだいじ》（大仏《だいぶつ》）
⑦	県	紀州梅《きしゅううめ》

伊勢神宮

琵琶湖

金閣

たこ焼《や》き

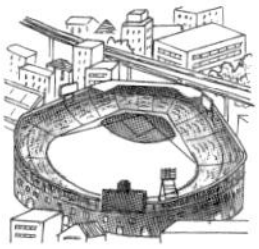
甲子園球場

東大寺（大仏）

紀州梅

滋賀、奈良も海がない県だよ。その代わりに滋賀には大きい琵琶湖があるから当てやすいね。

14

中国・四国地方

月　日

正答数　問／9問

表のヒントは、それぞれの県を代表するものです。地図やヒントから、①～⑨の県名を[　　]から選《えら》んで書きましょう。

鳥取《とっとり》	高知《こうち》	岡山《おかやま》
香川《かがわ》	山口《やまぐち》	愛媛《えひめ》
徳島《とくしま》	島根《しまね》	広島《ひろしま》

	県　名	ヒント
①	県	二十世紀《にじっせいき》なし
②	県	出雲大社《いずもたいしゃ》
③	県	もも太郎《たろう》
④	県	原爆《げんばく》ドーム
⑤	県	ふぐ
⑥	県	鳴門《なると》のうずしお
⑦	県	讃岐《さぬき》うどん
⑧	県	みかん
⑨	県	カツオ

二十世紀なし

出雲大社

もも太郎

原爆ドーム

ふぐ

鳴門のうずしお

讃岐うどん

みかん

カツオ

まずは、内側の県から覚えてもいいかも。中国地方は岡山、広島、山口。四国地方では香川、愛媛だね。島根には大きい湖もあるね。

15

月　日　正答数　問/8問

九州地方

表のヒントは、それぞれの県を代表するものです。地図やヒントから、①～⑧の県名を[　　]から選《えら》んで書きましょう。

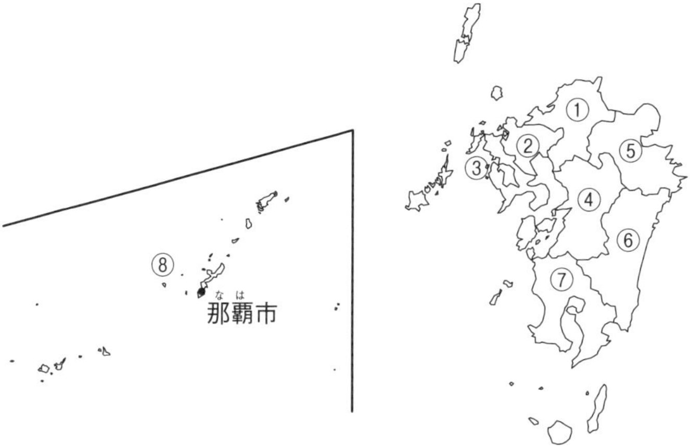

長崎《ながさき》
大分《おおいた》
福岡《ふくおか》
沖縄《おきなわ》
佐賀《さが》
宮崎《みやざき》
熊本《くまもと》
鹿児島《かごしま》

	県　名	ヒント
①	県	博多《はかた》ラーメン
②	県	吉野ヶ里遺跡《よしのがりいせき》
③	県	カステラ
④	県	阿蘇山《あそさん》
⑤	県	別府温泉《べっぷおんせん》
⑥	県	地鶏《じどり》
⑦	県	桜島《さくらじま》
⑧	県	シーサー

博多ラーメン

吉野ヶ里遺跡

カステラ

阿蘇山

別府温泉

地鶏

桜島

シーサー

福岡、長崎、鹿児島、沖縄は場所やその形から覚えやすいね。大分県は四国と近いよ。

16

地図学習

月　日
正答数
問／4問

地図を見て、あとの問いに答えましょう。

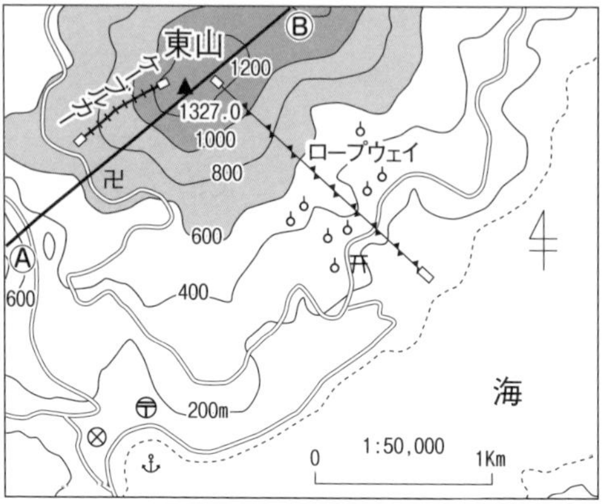

(1)　港の近くにあるしせつを2つ書きましょう。

(　　　　　　)
(　　　　　　)

(2)　この地図は何分の1のしゅくしゃくですか。

(　　　　　　)

(3)　ケーブルカーの始点と終点の高低差《こうていさ》は、約《やく》何mですか。

約(　　　　　)m

(4)　図のⒶ～Ⓑの断面図《だんめんず》は、㋐～㋒のどれですか。

㋐

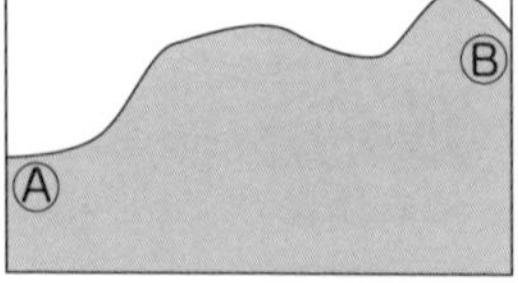

㋑

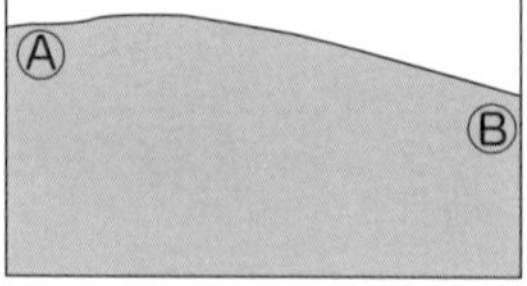

㋒

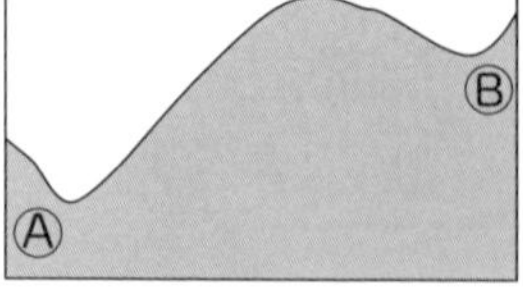

(　　　　　　)

地図は真上から見た図だよ。色のこい方が高い土地を表しているよ。

1

漢字の読み ①

月　日

正答数 問 /15問

次の漢字の読みがなを書きましょう。

① 井戸（　　）

② 戦国（　　）

③ 希望（　　）

④ 最低（　　）

⑤ 競馬（　　）

⑥ 通貨（　　）

⑦ 議会（　　）

⑧ 課題（　　）

⑨ 自覚（　　）

⑩ 周辺（　　）

⑪ 固体（　　）

⑫ 生産（　　）

⑬ 試験（　　）

⑭ 反省（　　）

⑮ 標語（　　）

ここからは４年生までで習う漢字のみを使った二字じゅく語の読みを学んでいくよ。

漢字の読み ②

月　日

正答数　問 /15問

次の漢字の読みがなを書きましょう。

① 百兆

② 衣類

③ 栄養

④ 機械

⑤ 観察

⑥ 特別

⑦ 道徳

⑧ 農夫

⑨ 血管

⑩ 辞典

⑪ 愛犬

⑫ 参加

⑬ 郡部

⑭ 印刷

⑮ 機関

二字じゅく語には上の漢字から１つずつ読むことで意味が伝わる言葉があるよ。（例）愛犬→「愛する犬」だね。

3 漢字の読み ③

月　日

正答数　問 /15問

次の漢字の読みがなを書きましょう。

① 楽器（　　）

② 労力（　　）

③ 民法（　　）

④ 洋梨（　　）

⑤ 熱帯（　　）

⑥ 白熊（　　）

⑦ 記念（　　）

⑧ 街灯（　　）

⑨ 唱歌（　　）

⑩ 賀正（　　）

⑪ 連結（　　）

⑫ 選挙（　　）

⑬ 大群（　　）

⑭ 記録（　　）

⑮ 氏名（　　）

二字じゅく語にはにた意味の漢字をならべている言葉があるよ。
（例）記録→どちらも書き記すという意味があるよ。

漢字の読み ④

月　日

正答数

問 /15問

次の漢字の読みがなを書きましょう。

① 初心（　　）

② 照明（　　）

③ 共学（　　）

④ 器用（　　）

⑤ 陸軍（　　）

⑥ 半径（　　）

⑦ 競争（　　）

⑧ 公害（　　）

⑨ 兵隊（　　）

⑩ 散歩（　　）

⑪ 天候（　　）

⑫ 大佐（　　）

⑬ 投票（　　）

⑭ 寒冷（　　）

⑮ 建国（　　）

二字じゅく語には下の漢字から１つずつ読むことで意味が伝わる言葉があるよ。（例）建国→「国を建てる」だね。

5

漢字の読み ⑤

月　日

正答数

問 /15問

次の漢字の読みがなを書きましょう。

① 以下（　　）

② 無敗（　　）

③ 結束（　　）

④ 司会（　　）

⑤ 飛行（　　）

⑥ 当然（　　）

⑦ 欠席（　　）

⑧ 給料（　　）

⑨ 木材（　　）

⑩ 園児（　　）

⑪ 協力（　　）

⑫ 改札（　　）

⑬ 景気（　　）

⑭ 成功（　　）

⑮ 泣く（　　）

ここの二字じゅく語を使って四字じゅく語をつくってみよう。
以下同文、飛行物体などなど。

6 漢字の読み ⑥

月　日

正答数

問 /15問

次の漢字の読みがなを書きましょう。

① 海底（　　）

② 完成（　　）

③ 必要（　　）

④ 週末（　　）

⑤ 県民（　　）

⑥ 健康（　　）

⑦ 良好（　　）

⑧ 位置（　　）

⑨ 鏡台（　　）

⑩ 便利（　　）

⑪ 静養（　　）

⑫ 求人（　　）

⑬ 量的（　　）

⑭ 清流（　　）

⑮ 点差（　　）

ここの二字じゅく語を使って四字じゅく語をつくってみよう。
海底火山、健康第一などなど。

7 漢字の書き ①

月　日
正答数
問 /15問

次の漢字を書きましょう。

① ふまん

② にゅうよく

③ えいご

④ しおみず

⑤ いちおく

⑥ けっか

⑦ しゃりん

⑧ はつが

⑨ かくしゅ

⑩ へんか

⑪ がんぼう

⑫ さくねん

⑬ めいれい

⑭ きょしゅ

⑮ りくち

ここからは4年生までで習う漢字のみを使った二字じゅく語の書きを学んでいくよ。

8 漢字の書き ②

月　日
正答数
問 /15問

次の漢字を書きましょう。

① ゆうしゃ

② はくがく

③ みぎがわ

④ れいだい

⑤ ざいりょう

⑥ まつばやし

⑦ すばこ

⑧ ぎょぎょう

⑨ れんじつ

⑩ きせつ

⑪ ろうじん

⑫ だいじん

⑬ しゅくじつ

⑭ じゅんばん

⑮ けんこく

読み方が同じでも、漢字やその意味がちがう言葉があるよ。そういう言葉を見つけたときは辞書で意味を調べてみよう。

9 漢字の書き ③

月　日

正答数　問 /15問

次の漢字を書きましょう。

① ばいりん

② でんたつ

③ たんい

④ しゃくよう

⑤ せきせつ

⑥ くんれん

⑦ ひつよう

⑧ ほっきょく

⑨ やさい

⑩ こっき

⑪ じんるい

⑫ しんごう

⑬ ふりつ

⑭ みらい

⑮ かもつ

梅林は「梅の林」。積雪は「雪が積もる」という意味だね。

10 漢字の書き ④

月　日

正答数　問 /15問

次の漢字を書きましょう。

① かんみん
② やくそく
③ どりょく
④ せつめい
⑤ しっぱい
⑥ そつぎょう
⑦ ぎかい
⑧ ふきん
⑨ ぼくじょう
⑩ あんない
⑪ けってん
⑫ そうこ
⑬ せいと
⑭ なかま
⑮ しそん

官民は「官と民」。「官」には「国の仕事」というような意味があるよ。

漢字の書き ⑤

月　日

正答数　問 /15問

次の漢字を書きましょう。

① ほう　たい

② うみ　べ

③ う　せつ

④ ぞく　しゅつ

⑤ しゅ　げい

⑥ ち　あん

⑦ ねん　まつ

⑧ ふく　ぎょう

⑨ あさ　めし

⑩ ざん　ねん

⑪ ろう　どう

⑫ し　ぜん

⑬ わら　う

⑭ あさ　い

⑮ や　く

“笑”“浅”“焼”は訓読みだね。この漢字の音読みは中学校で習う読み方なんだって。

12 漢字の書き ⑥

月　日
正答数　問 /15問

次の都《と》道《どう》府《ふ》県《けん》の漢字を書きましょう。

① にい　がた

② とち　ぎ

③ いばら　き

④ と　やま

⑤ さい　たま

⑥ しず　おか

⑦ ぎ　ふ

⑧ し　が

⑨ な　ら

⑩ おお　さか

⑪ か　がわ

⑫ え　ひめ

⑬ みや　ざき

⑭ か　ご　しま

⑮ おき　なわ

都道府県の漢字だよ。場所もセットで覚えられたら、パーフェクト!!

四字じゅく語 ①

月　日

正答数　問／8問

□にあてはまる漢字を[　]から選《えら》んで、四字じゅく語にしましょう。
（　）には読みがなも書きましょう。

① 熱帯□□（　　）

② 入場□□（　　）

③ 心機□□（　　）

④ 栄養□□（　　）

⑤ 観光□□（　　）

⑥ 一利□□（　　）

⑦ 入学□□（　　）

⑧ 治山□□（　　）

無料　試験　満点　一害　気候　治水　一転　旅行

"熱帯"のつく四字じゅく語は他にも、熱帯雨林や熱帯植物などがあるよ。

14 四字じゅく語 ②

月　日
正答数　問／8問

□にあてはまる漢字を[　]から選《えら》んで、四字じゅく語にしましょう。（　）には読みがなも書きましょう。

① 課題□□（　　）

② 寒冷□□（　　）

③ 億万□□（　　）

④ 貨物□□（　　）

⑤ 千差□□（　　）

⑥ 照明□□（　　）

⑦ 二束□□（　　）

⑧ 完全□□（　　）

前線　長者　図書　万別　器具　列車　無欠　三文

「長者」には、「お金持ち」という意味があるよ。「わらしべ長者」も、最後にお金持ちになるお話だよね！

四字じゅく語 ③

月　日

正答数　問／8問

□にあてはまる漢字を［　］から選《えら》んで、四字じゅく語にしましょう。
（　）には読みがなも書きましょう。

① 自信□□（　　）

② 不言□□（　　）

③ 完全□□（　　）

④ 一挙□□（　　）

⑤ 料金□□（　　）

⑥ 愛鳥□□（　　）

⑦ 発芽□□（　　）

⑧ 先手□□（　　）

試合　改定　実験　実行　満満　一動　必勝　週間

“完全”のつく四字じゅく語は他にも、完全無欠や完全競争などがあるよ。“満満”は、“満々”とも書くよ。

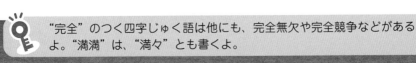

16

四字じゅく語④

月　日

正答数　問／8問

□にあてはまる漢字を[　]から選《えら》んで、四字じゅく語にしましょう。（　）には読みがなも書きましょう。

① 連戦□□（　　）

② 以心□□（　　）

③ 自給□□（　　）

④ 百点□□（　　）

⑤ 不老□□（　　）

⑥ 選挙□□（　　）

⑦ 駅伝□□（　　）

⑧ 多種□□（　　）

満点　不死　伝心　連勝　運動　自足　多様　競走

四字じゅく語を使った文を考えよう。「自給自足の旅をする」「不老不死の薬を求める」なんかかっこいいね。

17 じゅく語づくり①

月　日

正答数　問／4問

矢印《やじるし》の向きに二字のじゅく語ができます。□にあてはまる漢字を［　］から選《えら》んで書きましょう。

①
- 上：灯
- 右：角
- 下：路
- 左：頭

②
- 上：械
- 右：知
- 下：転
- 左：器

③
- 上：初
- 右：短
- 下：高
- 左：良

④
- 上：長
- 右：功
- 下：果
- 左：育

街　機　最　成

“成”が上につく二字じゅく語には、他にも成立や成人、成虫などがあるよ。

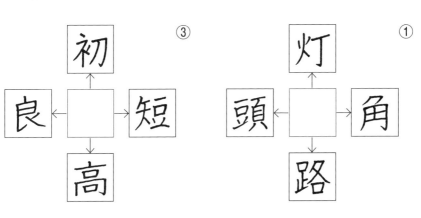

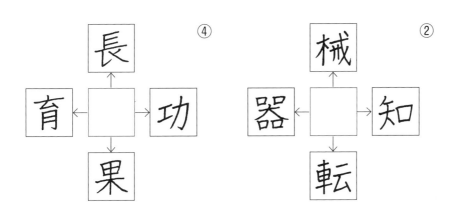

18 じゅく語づくり ②

月　日

正答数　問／4問

矢印《やじるし》の向きに二字のじゅく語ができます。□にあてはまる漢字を〔　〕から選《えら》んで書きましょう。

①
- ↑ 流
- ← 風
- → 酒
- ↓ 書

②
- ↑ 級
- ← 等
- → 選
- ↓ 別

③
- ↑ 心
- ← 中
- → 湯
- ↓ 愛

④
- ↑ 点
- ← 月
- → 足
- ↓ 開

〔 特　熱　満　清 〕

“特”が上につく二字じゅく語を考えてみよう。他にも、特上や特進、特典などがあるね。

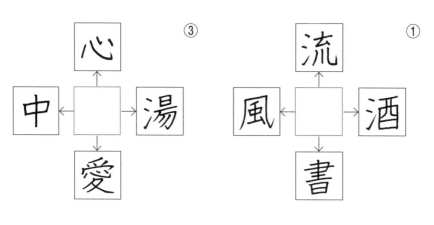

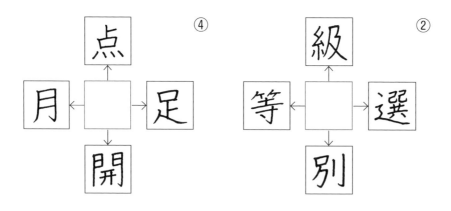

じゅく語づくり ③

月　日
正答数　問／4問

矢印《やじるし》の向きに二字のじゅく語ができます。□にあてはまる漢字を[ ]から選《えら》んで書きましょう。

①

	食 ↓	
花 →	□	← 楽
	↑ 茶	

②

	冷 ↓	
公 →	□	← 有
	↑ 無	

③

	合 ↓	
輪 →	□	← 暗
	↑ 愛	

④

	風 ↓	
夜 →	□	← 全
	↑ 光	

害　器　景　唱

“器”が下につく二字じゅく語には、他にも火器や石器、土器などがあるよ。

じゅく語づくり④

月　日

正答数　問／4問

矢印《やじるし》の向きに二字のじゅく語ができます。□にあてはまる漢字を［　］から選《えら》んで書きましょう。

①

	完↓	
作→	□	←結
	育↑	

②

	観↓	
対→	□	←交
	作↑	

③

	辞↓	
事→	□	←特
	古↑	

④

	住↓	
市→	□	←国
	農↑	

典　民　戦　成

“戦” が下につく二字じゅく語を考えてみよう。合戦や海戦、決戦などがあるね。

21

じゅく語づくり ⑤

月　日

正答数　問／4問

矢印《やじるし》の向きに二字のじゅく語ができます。□にあてはまる漢字を［　］から選《えら》んで書きましょう。

①
配
↓
受 → □ → 油
↓
料

②
参
↓
追 → □ → 工
↓
熱

③
改
↓
予 → □ → 出
↓
挙

④
流
↓
消 → □ → 望
↓
敗

給　加　失　選

"給" のつく二字じゅく語には、他にも給水、給養、自給、給食などがあるよ。

じゅく語づくり⑥

月　日

正答数　問／4問

矢印《やじるし》の向きに二字のじゅく語ができます。□にあてはまる漢字を[　]から選《えら》んで書きましょう。

①
- 必 → □
- 重 → □ → 点
- □ → 望

②
- 目 → □
- 道 → □ → 語
- □ → 本

③
- 記 → □
- 目 → □ → 音
- □ → 画

④
- 出 → □
- 念 → □ → 望
- □ → 書

標　要　録　願

“要”のつく二字じゅく語には、他にも要員、要求、主要、不要などがあるね。

23 漢字のしりとり ①

月　日

正答数　問／5問

□にあてはまる漢字を書きましょう。

① 愛《あい》児《じ》→□《じ》□《どう》→童《どう》話《わ》→□《わ》□《だい》

② 参《さん》加《か》→□《か》□《にゅう》→入《にゅう》会《かい》→□《かい》□《ぎ》

③ 改《かい》良《りょう》→□《りょう》□《しん》→心《しん》配《ぱい》→□《はい》□《たつ》

④ 好《こう》機《き》→□《き》□《かん》→関《かん》節《せつ》→□《せつ》□《やく》

⑤ 無《む》残《ざん》→□《ざん》□《ねん》→念《ねん》願《がん》→□《がん》□《しょ》

二字じゅく語を使った漢字しりとりを考えてみよう。
参加→加法→法案→案内なんてどうかな？

24 漢字のしりとり②

月　日
正答数
問／5問

□にあてはまる漢字を書きましょう。

①
必《ひっ》□《よう》
↓
要《よう》□《きゅう》
↓
求《きゅう》□《じん》
↓
人《じん》□《るい》

②
続《ぞく》□《しゅつ》
↓
出《しゅっ》□《せき》
↓
席《せき》□《じゅん》
↓
順《じゅん》□《い》

③
最《さい》□《しゅう》
↓
終《しゅう》□《けつ》
↓
結《けっ》□《か》
↓
果《か》□《じつ》

④
当《とう》□《せん》
↓
選《せん》□《きょ》
↓
挙《きょ》□《しき》
↓
式《しき》□《てん》

⑤
必《ひっ》□《しょう》
↓
勝《しょう》□《はい》
↓
敗《はい》□《せん》
↓
戦《せん》□《ご》

二字じゅく語を使った漢字しりとりを考えてみよう。
必要→要点→点数→数学なんていいかも。

25

漢字のしりとり ③

月　日
正答数
問／5問

□にあてはまる漢字を書きましょう。

①
最《さい》□《しょ》
↓
初《しょ》期《き》
↓
□《き》□《まつ》
↓
末《まつ》代《だい》

②
熱《ねっ》□《せん》
↓
戦《せん》争《そう》
↓
□《そう》□《ぎ》
↓
議《ぎ》長《ちょう》

③
祝《しゅく》□《じ》
↓
辞《じ》表《ひょう》
↓
□《ひょう》□《さつ》
↓
札《ふだ》所《しょ》

④
参《さん》□《かん》
↓
観《かん》戦《せん》
↓
□《せん》□《ごく》
↓
国《こく》民《みん》

⑤
兵《へい》□《たい》
↓
隊《たい》列《れつ》
↓
□《れっ》□《きょ》
↓
挙《きょ》手《しゅ》

二字じゅく語を使った漢字しりとりを考えてみよう。
祝辞→辞書→書名→名前なんていいかも。

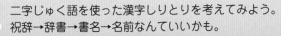

26 漢字のしりとり④

月　日

正答数　問／5問

□にあてはまる漢字を書きましょう。

①
□《もく》標《ひょう》
↓
□《ひょう》□《こう》
↓
高《こう》□《てい》
↓
低《てい》温《おん》

②
満《まん》□《げつ》
↓
月《げっ》□《きゅう》
↓
給《きゅう》□《しょく》
↓
□《しょっ》器《き》

③
特《とく》別《べつ》
↓
□《べつ》□《びん》
↓
便《べん》□《り》
↓
利《り》□《がい》

④
持《じ》□《さん》
↓
参《さん》□《どう》
↓
道《どう》□《ひょう》
↓
標《ひょう》□《てき》

⑤
建《けん》□《こく》
↓
□《こく》民《みん》
↓
□《みん》主《しゅ》
↓
□《しゅ》観《かん》

二字じゅく語を使った漢字しりとりを考えてみよう。
特別→別人→人相→相談なんてどうかな？

漢字の部首 ①

月　日

正答数　問 /10問

次の漢字の部首名を［　］から選《えら》んで（　）に書きましょう。

① 宀（　　　）

② ⻗（　　　）

③ 艹（　　　）

④ ⺮（　　　）

⑤ 亻（　　　）

⑥ 彳（　　　）

⑦ 木（　　　）

⑧ 扌（　　　）

⑨ 氵（　　　）

⑩ 冫（　　　）

［にすい　さんずい　きへん　てへん　にんべん　くさかんむり　ぎょうにんべん　うかんむり　あめかんむり　たけかんむり］

ここにある部首のつく漢字を２つずつ書いてみよう。

漢字の部首 ②

月　日

正答数　問 /10問

次の漢字の部首名を［　］から選《えら》んで（　）に書きましょう。

① 言（　）

② 糸（　）

③ 辶（　）

④ 走（　）

⑤ 心（　）

⑥ 灬（　）

⑦ 广（　）

⑧ 疒（　）

⑨ 衤（　）

⑩ 礻（　）

しめすへん　ころもへん　まだれ　やまいだれ　こころ

れっか　しんにょう　そうにょう　ごんべん　いとへん

ここにある部首のつく漢字を２つずつ書いてみよう。

29 送りがな ①

月　日

正答数　問 /10問

次の漢字で正しい方の送りがなに○をつけましょう。

① 省　く／ぶく

③ 浴　る／びる

⑤ 養　う／なう

⑦ 積　る／もる

⑨ 努　る／める

② 改　る／める

④ 争　う／そう

⑥ 戦　う／かう

⑧ 別　る／れる

⑩ 清　い／よい

まちがいやすい送りがなの漢字は、国語ノートの１ページ目に書いておくといつも目に入って覚えられそう。

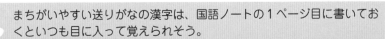

30

送りがな②

月　日

正答数　問／10問

次の漢字で正しい方の送りがなに○をつけましょう。

① 試
- る
- みる

② 包
- む
- つむ

③ 変
- る
- わる

④ 老
- る
- いる

⑤ 産
- れる
- まれる

⑥ 満
- る
- ちる

⑦ 唱
- る
- える

⑧ 付
- る
- ける

⑨ 欠
- る
- ける

⑩ 必
- ず
- らず

「産まれる」はまちがいやすいよ。生の「生まれる」も同じ送りがなだからあわせて覚えよう。

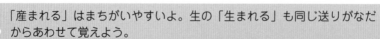

31 動き言葉①

月　日　正答数　問／5問

次の――をひいた動き言葉は、㋐人や物の動き、㋑じょうたいの変《へん》化《か》、㋒そんざいを表すの3つのうちどれですか。記号を書きましょう。

① 馬が草原を走る。（　　）

② せんたく物がかわく。（　　）

③ 木の上に虫がいる。（　　）

④ ボールをける。（　　）

⑤ 巣箱《すばこ》の中に鳥がいた。（　　）

ここの動き言葉を使って、他にも文をつくってみよう。

動き言葉②

月　日

正答数　問／5問

次の文に入る動き言葉を[　]から選《えら》んであう形に変《か》えて書きましょう。

① 赤ちゃんが、父ににっこりと□□た。

② もらったプリンを□□□う。

③ 本当だと□□□さい。

④ さあ、家まで□□うよ。

⑤ 今日の夜は、早くに□ます。

走る　信《しん》じる　笑《わら》う　食べる　ねる

ここの動き言葉を使って、他にも文をつくってみよう。

33 ようす言葉 ①

月　日
正答数
問 /10問

次の言葉のうち、ようす言葉に○をつけて、それ以外《いがい》には×をつけましょう。

（例）青い空。　ゆかいな歌。

① つくえ　（　　）

③ きっと　（　　）

⑤ きれいだ　（　　）

⑦ かわいい　（　　）

⑨ 笑《わら》う　（　　）

② 美しい　（　　）

④ 赤い　（　　）

⑥ 食べる　（　　）

⑧ 女子　（　　）

⑩ やさしい　（　　）

“やさしい”には「問題がやさしい」「やさしい人」など、同じ音でもちがう意味があるんだって。

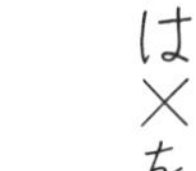

ようす言葉②

月　日
正答数　問／5問

次の文にあてはまるようす言葉を［　］から選《えら》んで書きましょう。

① ［　　　　］ハンカチを買ってもらった。

② わたしは、妹よりも、せが［　　］。

③ 試合《しあい》に勝てたので、とても［　　　　］。

④ ［　　　　］音楽が聞こえます。

⑤ ステーキは、一番［　　　］料理《りょうり》です。

［ 高い　真っ白い　好《す》きな　うれしい　ゆかいな ］

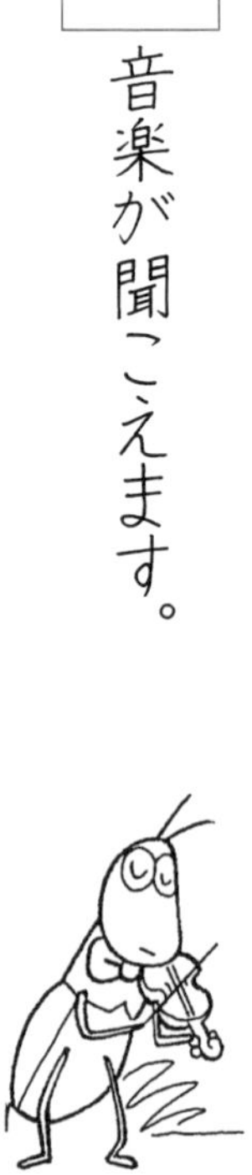

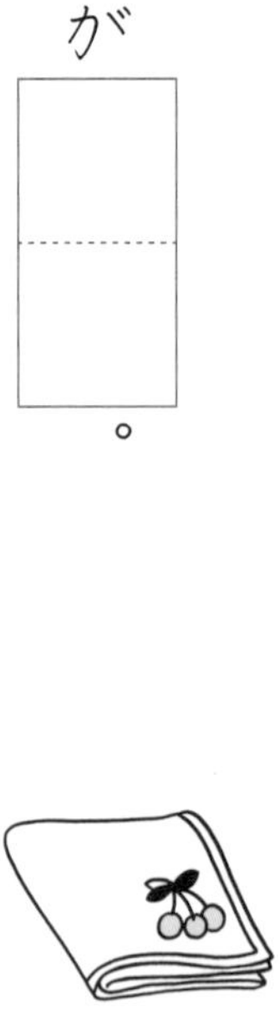

ここのようす言葉を使って、他にも文をつくってみよう。

ようす言葉③

月　日

正答数　問／5問

次の文にあてはまるようす言葉を［　］から選《えら》んで書きましょう。

① ごはんを、［　　　　］食べた。

② 黒い雲が、［　　　　］と広がった。

③ 今日は、［　　　］雨がふるだろう。

④ たいこが、［　　　］鳴りひびく。

⑤ あの子は、［　　　　］休みません。

［ もりもり　もくもく　たぶん　ドンと　めったに ］

ここのようす言葉を使って、他にも文をつくってみよう。

36 名前言葉

月　日

正答数　問／8問

次の動き言葉や、ようす言葉を名前言葉に変《か》えましょう。

① 走る（　　）

② おどる（　　）

③ 登る（　　）

④ 教える（　　）

⑤ 白い（　　）

⑥ 大きい（　　）

⑦ あまい（　　）

⑧ あつい（　　）

言葉の最後の文字を変えることで、名前言葉に変わるよ。たとえば、「動く」→「動き」、「重い」→「重さ」だね。

37 文の組み立て①

月　日
正答数　問／6問

次の文の主語に――を、じゅつ語に～～～を引きましょう。

① かわいい子ゾウが、生まれた。

② クマの親子は、ほらあなから出ました。

③ 校門のわきに、イチョウが植えられた。

④ 黄色くさいた花は、チューリップだ。

⑤ 母が、まもなくここに来ます。

⑥ 三人の店員は、いそいそと帰りました。

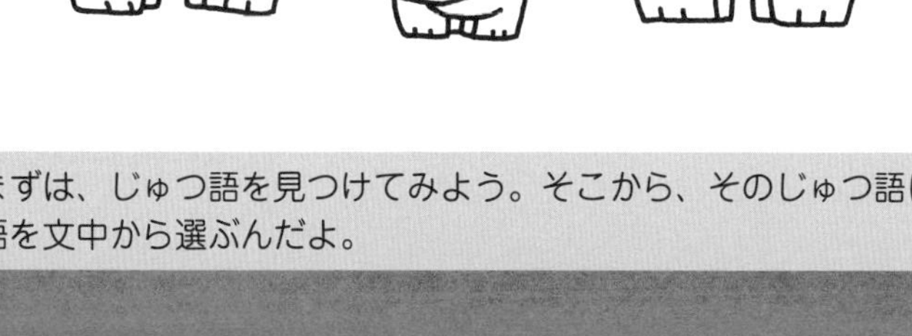

まずは、じゅつ語を見つけてみよう。そこから、そのじゅつ語にあう主語を文中から選ぶんだよ。

文の組み立て ②

月　日

正答数　問／5問

次の文で□の言葉をくわしくしている言葉に――を引きましょう。

① 小さい　ネコが　しきりに　鳴いた。

② 美しい　花が　一面に　さいた。

③ 白い　犬が　とつぜん　とび出した。

④ わり算の　問題が　五問　あります。

⑤ たくさんの　水鳥が　池の　中に　いる。

主語である□の言葉をくわしくしている言葉は、□の言葉の上にあるよ。①は、どんなねこが鳴いたのかな？

39

文の組み立て ③

月　日

正答数　問／5問

次の文で□の言葉をくわしくしている言葉に——を引きましょう。

① 赤い　バラが、　きれいに　□さいた□。

② 大きな　風船が、　とつぜん　□われた□。

③ 地しんの　ゆれが、　ぐらぐらと　□来た□。

④ 小さな　犬は、　必死《ひっし》で　□にげた□。

⑤ 黒い　雲が　もくもく　□もり上がる□。

じゅつ語に□がついているね。ここでもくわしくしている言葉が□の上にあるよ。①は、バラがどんなふうにさいた？

40 文の組み立て ④

月　日

正答数　問／5問

次の文で□の言葉をくわしくしている言葉に——を引きましょう。

① 電車が　長い　鉄橋を　わたった。

② 妹は、きれいな　着物を　着ている。

③ わたしは　大切な　本を　借《か》りました。

④ 弟は　パンダの　ぬいぐるみを　もらった。

⑤ ぼくは　宿題の　作文を　書き上げた。

問われている言葉の上の言葉に注目しよう。どんなようすなのか、どんな形なのかなどが上についている言葉でわかるね。

41

文の組み立て⑤

月　日

正答数　問／5問

次の文の主語□と、じゅつ語□をくわしくしている言葉に――を引き、矢印《やじるし》でしめしましょう。

① 赤い　金魚は、すいすい　泳ぐ。

② 小さな　女の子は、にっこりと　笑《わら》った。

③ 大きな　かぶが、いっぱい　育った。

④ 白い　雪が　ちらちら　ふり出した。

⑤ 時計の　ふりこは　ゆっくり　ふれた。

主語とじゅつ語をくわしくしている言葉を同時に答えてね。さがし方は変わらないよ。どんな金魚が、どんなふうに泳いでいるのかな？

42

文の組み立て ⑥

月　日

正答数　問／4問

次の文で□の言葉をくわしくしている言葉を書きましょう。

① 色白の　小さい　女の子が　います。

② 八階建《だ》ての　大きな　マンションが　建《た》つ。

③ 大雨が　とつぜん　ザーザーと　ふる。

④ わたしは　川原《かわら》で　べんとうを　食べる。

今回は、□の言葉をくわしくしている言葉が２つずつあるんだね。
「色白の女の子」「小さい女の子」のように分けて読んでみよう。

43 文の組み立て ⑦

月　日
正答数　問／8問

次の文を文図にしましょう。

① キクの　花が　風に　ゆれる。

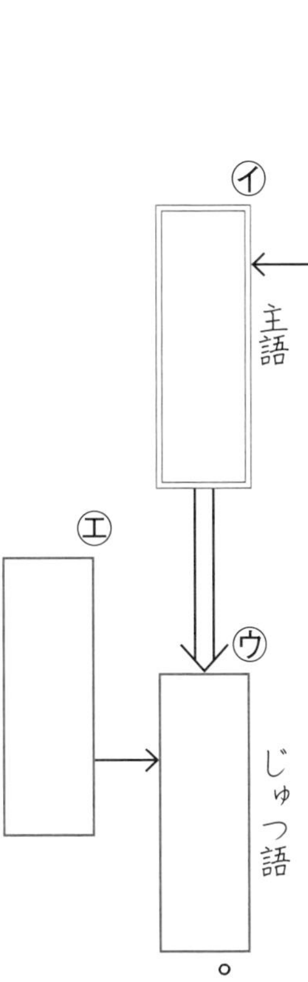

② 白い　ネコが　魚を　ねらう。

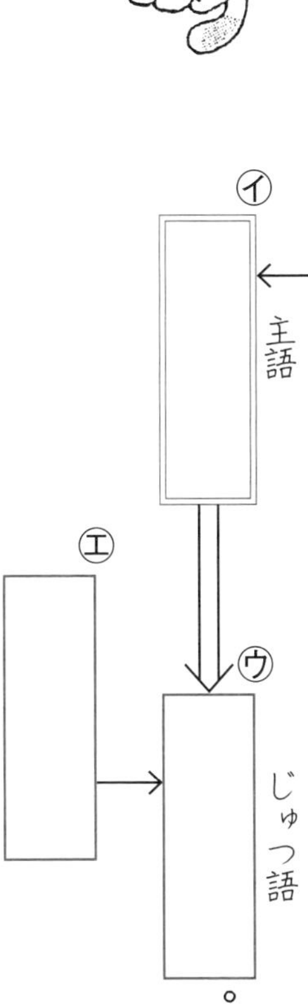

文の関係を図に表したものを文図というよ。主語にかかる（くわしくしている）言葉か、じゅつ語にかかる言葉かを考えて書いてみよう。

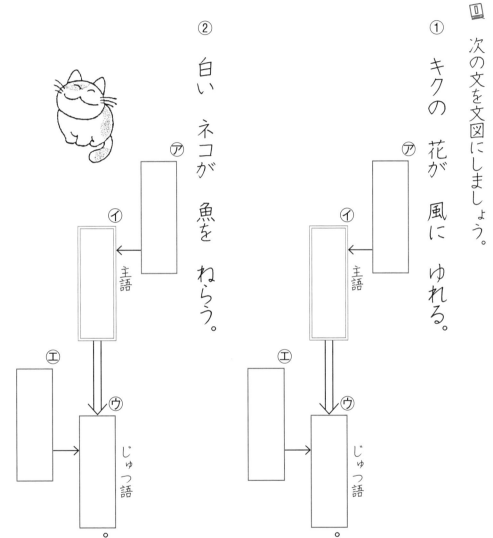

44

文の組み立て ⑧

月　日

正答数　問／8問

次の文を文図にしましょう。

① 三時に　ぼくは　コンビニへ　行く。

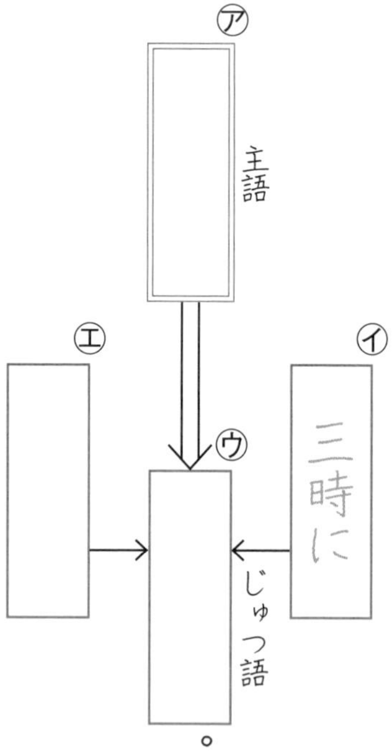

② きのう、妹は　音楽会に　行った。

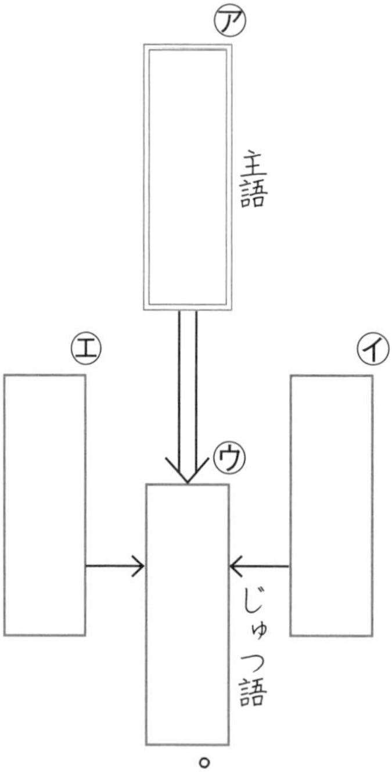

今回は、じゅつ語にかかる言葉だけみたい。それぞれ分けて考えてみよう。「三時に行く」「コンビニへ行く」だね。

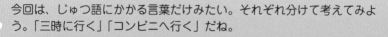

45

こそあど言葉①

月　日

正答数　問／5問

次の文のこそあど言葉が指すものを書きましょう。

① この水は、飲めません。
（　　　　）

② あの島は、何という島ですか。
（　　　　）

③ 家が見えるね。あそこまで走ろう。
（　　　　）

④ あなたの前に本があります。それをとってください。
（　　　　）

⑤ そばとうどんとカレーがあります。どれを注文しますか。
（　　　　）（　　　　）（　　　　）

「こそあど言葉」にはたくさん種類があって国語辞典にはその表ものっているよ。その物とのきょりなどを表げんしたりするときに使うんだね。

こそあど言葉②

月　日

正答数　問／4問

次の□にあてはまる言葉を⬚から選《えら》んで書きましょう。

① ここにある □ 材料《ざいりょう》で作ります。

② 向こうに見える □ 山に登ろう。

③ □ 本を買えばいいのかな。まような。

④ ほら、あなたのそばにある □ 本をとってください。

この　あの　その　どの

「こそあど」はそれぞれ、「こ」自分の近くのとき、「そ」相手の近くのとき、「あ」遠くのとき、「ど」どれかはっきりしないときに使うよ。

47 つなぎ言葉 ①

月　日

正答数　問／4問

次の□にあてはまる言葉を□から選《えら》んで書きましょう。

① 雨がふった。□□□、遠足はえん期になった。

② 雨があがった。□□□、運動会は中止になった。

③ 明日は晴れるかな、□□□□雨かな。

④ 学校を休んだ。□□□□かぜをひいたから。

それで　しかし　それとも　なぜなら

つなぎ言葉は、文と文、言葉と言葉をつなぐはたらきをしているよ。①には「だから」や「なので」などを入れても意味が通るね。

つなぎ言葉②

月　日

正答数　問／3問

二つの文を一つの文にします。□にあてはまるつなぎ言葉を[　]から選《えら》んで書きましょう。

①
昨日《きのう》、雨がふった。しかし、風はふかなかった。
昨日、雨がふった□、風はふかなかった。

②
昨日、雨がふった。それに、風もふいた。
昨日、雨がふった□、風もふいた。

③
ドアの前に立った。すると、自動的《じどうてき》に開いた。
ドアの前に立つ□、自動的に開いた。

[し　が　と]

文と文を１つの文につなぐ、つなぐ言葉にいいかえよう。①は２文字なら「けど」でも意味が通るね。他の文もいいかえてみよう。

1 アルファベットの大文字 ①

月　日

正答数

問 /18問

A 次のアルファベットをなぞり、右に1回書きましょう。

A　B　C

D　E　F

G　H　I

J　K　L

M　N　O

P　Q　R

まずは大文字だよ。どの文字も、4本ある線の一番上から3本目までを使っているね。

2

アルファベットの大文字 ②

月　日

正答数

問 /11問

1 次のアルファベットをなぞり、右に1回書きましょう。

S　T　U

V　W　X

Y　Z

2 次のスタンプを紙におすと出てくる英《えい》単《たん》語《ご》を書きましょう。

①

②

③

大文字の続きだよ。2は、日本語での意味もわかるかな？

3 アルファベットの小文字 ①

月　日

正答数　問 /18問

A 次のアルファベットをなぞり、右に1回書きましょう。

a　b　c

d　e　f

g　h　i

j　k　l

m　n　o

p　q　r

アルファベットの小文字だよ。大文字とそっくりのものもあれば、形がちがうものもあるね。

4 アルファベットの小文字 ②

月　日
正答数
問 /11問

1 次のアルファベットをなぞり、右に1回書きましょう。

s　t　u

v　w　x

y　z

2 次の鏡《かがみ》にうつった英単語《えいたんご》を書きましょう。

①

②

③

2の英単語の意味はわかるかな？ ヒントは、すべて楽器だよ。

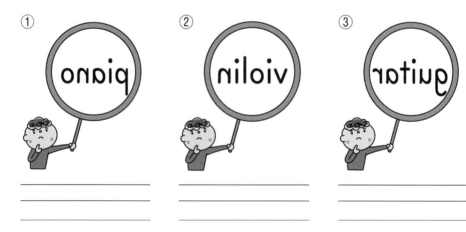

5 何曜日かな？①

月　　日

正答数

問／7問

A 次の曜日を表す英《えい》単《たん》語《ご》をなぞりましょう。

月　Monday

火　Tuesday

水　Wednesday

木　Thursday

金　Friday

土　Saturday

日　Sunday

日本のカレンダーは、月曜始まりと日曜始まりのどちらもあるね。アメリカは日曜始まりが多く、ヨーロッパは月曜始まりが多いんだって！

6 何曜日かな？②

月　日
正答数　問／2問

A　カレンダーを見て、英語《えいご》で答えましょう。

3月						
月	火	水	木	金	土	日
	1	2	3	4	5	6
7	8	9	10	11	12	13
14	15	16	17	18	19	20
21	22	23	24	25	26	27
28	29	30	31			

①　3月7日は何曜日ですか。

It's

②　3月25日は何曜日ですか。

It's

「Sunday, Monday, Tuesday♪」と曜日がたくさん出てくる英語の歌を歌うと、覚えやすいかも！

7

数字 ①

月　日

正答数　問／9問

A　次の1～9までの数を表す英単語《えいたんご》をなぞりましょう。

1 one	2 two	3 three
4 four	5 five	6 six
7 seven	8 eight	9 nine

「10」は「ten」だよ。「one, two, three, ...ten ！」と言うのになれたら、「ten, nine, eight, ...」とぎゃくからも言ってみよう！

8 数字 ②

月　日
正答数
問／1問

A 次の数字と、数を表す英単語《えいたんご》を、1→one→2→two→…と順《じゅん》に結《むす》びましょう。

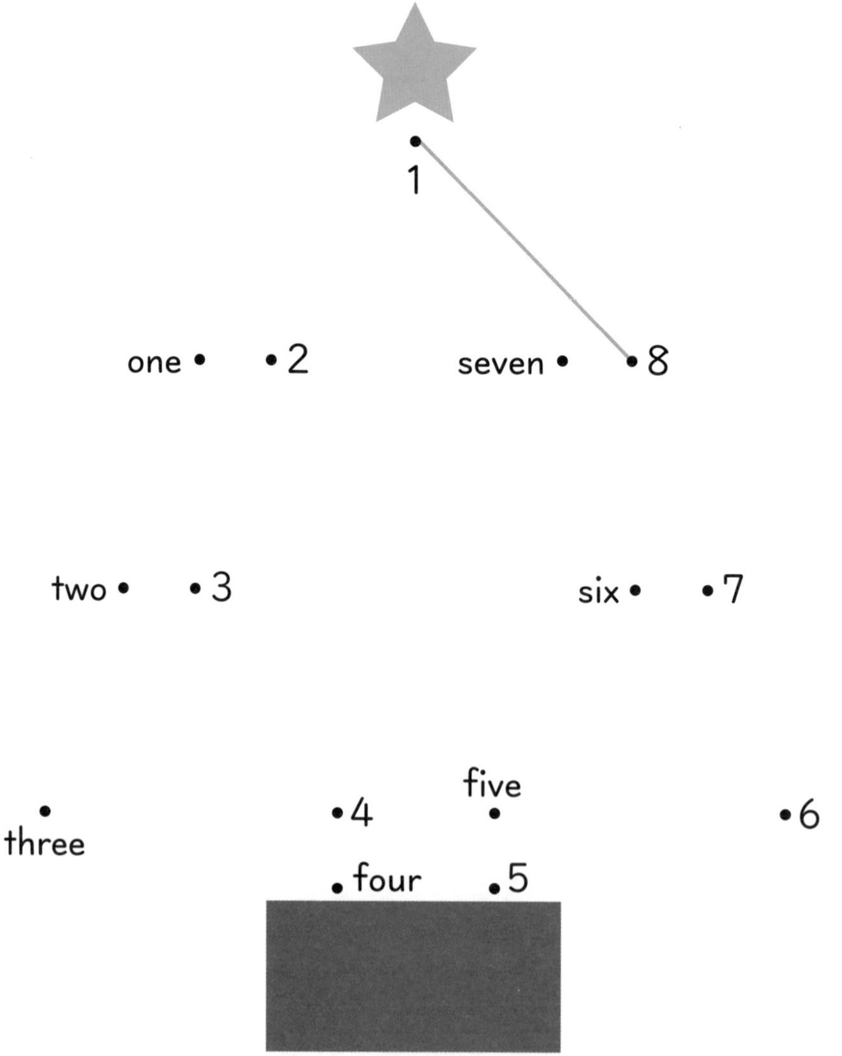

4年生の算数では、「億」や「兆」を習うね。「億」は「billion」、「兆」は「trillion」で、ちなみに「100万」は「million」。にているね。

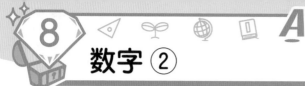

9 好きな動物は？ ①

A

月　日

正答数　問／9問

A　次の動物を表す英単語《えいたんご》をなぞりましょう。

ゾウ
elephant

鳥
bird

トラ
tiger

ネコ
cat

犬
dog

馬
horse

ウサギ
rabbit

ライオン
lion

シマウマ
zebra

馬は「horse」だけど、「pony」と言われることもあるよ。大きさやオス、メスなどで、よび方が変わるんだ。

10

好きな動物は？②

月　日

正答数　問／2問

A　次の英文《えいぶん》をなぞり、自分の好《す》きな動物を下のカードから選《えら》んで書きましょう。

What animal do you like?

〔あなたは、何の動物が好きですか？〕

I like ＿＿＿＿＿＿＿＿.

〔わたしは○○が好きです。〕

birds
鳥

cats
ネコ

dogs
犬

rabbits
ウサギ

「I like ～」と好きな動物を言うときは、「birds」とsをつけるんだね！

11

野菜＆くだものシルエット

月　日

正答数　問／4問

A　次の野菜《やさい》やくだもののかげを見て、それぞれの英単語《えいたんご》を［　　］から選《えら》んで書きましょう。

①

②

③

④

onion（たまねぎ）	apple（りんご）
carrot（にんじん）	lemon（レモン）

lemonは日本語の発音とにているね。
lettuce（レタス）やbroccoli（ブロッコリー）などもにているよ。

12 色をさがせ！

A

月　日

正答数　問／6問

A ［　　］の色の名前を見つけて、○でかこみましょう。

d	r	e	d	p	u	k	t
w	h	b	l	u	e	n	x
d	b	l	a	c	k	r	c
g	r	e	n	h	m	w	z
y	e	l	l	o	w	a	f
o	i	j	w	h	i	t	e
r	q	g	r	e	e	n	y

red（赤）　blue（青）　green（緑）
black（黒）　white（白）　yellow（黄）

ちなみに黄緑は「yellow green」。では、はい色は？ 答えは「gray」。
「white black」とはいわないんだね。

13

教科

月　日

正答数

問／7問

A　次の教科を表す英単語《えいたんご》をなぞりましょう。

国語

Japanese

英語

English

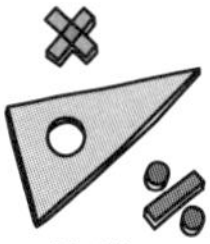

算数

math

理科

science

社会

social studies

音楽

music

体育

P.E.

きみの好きな教科は何かな？「I like…」を使って言ってみよう！

14 A

スポーツで使うものは？

月　日
正答数
問／5問

A　次のスポーツを表す英単語《えいたんご》をなぞり、そのスポーツで使うものを線で結《むす》びましょう。

① basketball ・　　・ ㋐ 

② soccer ・　　・ ㋑ 

③ badminton ・　　・ ㋒ 

④ baseball ・　　・ ㋓ 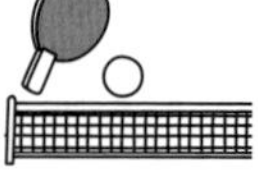

⑤ table tennis ・　　・ ㋔ 

雪の上をすべるスポーツ「スキー」は、「skiing」。「スキー」というと、スキーのときにつける板のことを表すよ。

算数

1 大きい数 ①

[1] ① 一億二千四百三十五万
② 七百九十八億六千五百十万七千三

[2] ① 一兆の位
② 十億の位

[3] ① 50億　② 27兆
③ 1億　④ 1兆

2 大きい数 ②

[1] ㋐ 3億　㋑ 7億　㋒ 13億
㋓ 3000億　㋔ 7000億
㋕ 1兆3000億

[2] ① 876543210　② 102345687
③ 201345678

3 角と角度 ①

① 30°　② 105°　③ 45°　④ 150°

4 角と角度 ②

①
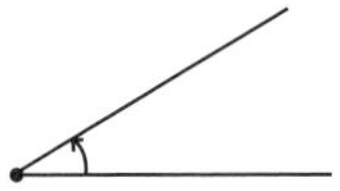

②
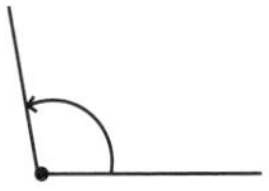

③
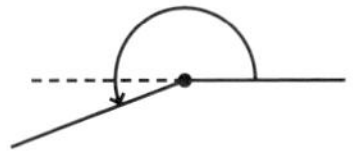

④
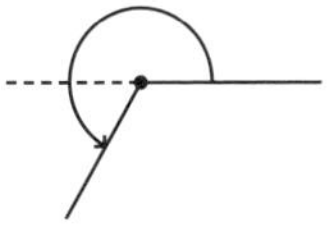

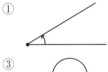

5 角と角度 ③

① ㋐ 60°　㋑ 30°　㋒ 90°
㋐+㋑+㋒ 180°

② ㋐ 45°　㋑ 90°　㋒ 45°
㋐+㋑+㋒ 180°

6 角と角度 ④

① $180-(50+70)=60$　答え 60°
② $180-(40+90)=50$　答え 50°
③ $180-(120+30)=30$　答え 30°
④ $180-(37+36)=107$　答え 107°

7 わり算（÷1けた）①

[1] ① 21　② 12　③ 43　④ 32

[2] ① 21あまり2　② 13あまり1
③ 22あまり2　④ 17あまり1

8 わり算（÷1けた）②

[1] $48\div 3=16$　答え 16こ
[2] $85\div 5=17$　答え 17まい
[3] $83\div 6=13$あまり5
答え 13人に配れて5こあまる

9 わり算（÷1けた）③

[1] ① 188　② 258　③ 143

[2] ① 122あまり1　② 231あまり1
③ 112あまり1

10 わり算（÷1けた）④

[1] $172\div 4=43$　答え 43人
[2] $600\div 5=120$　答え 120人
[3] $375\div 7=53$あまり4
答え 53本できて4cmあまる

11 わり算（÷2けた）①

① 4あまり2　② 2あまり2
③ 3あまり1　④ 3あまり4
⑤ 4あまり3　⑥ 4あまり3
⑦ 7あまり11　⑧ 7あまり3
⑨ 8あまり12　⑩ 4あまり31
⑪ 6あまり2　⑫ 2あまり3

12 わり算（÷2けた）②

1 95÷13＝7あまり4
答え　7人に配れて4まいあまる

2 490÷83＝5あまり75
答え　5本とれて75cmあまる

3 210÷24＝8あまり18　答え　9台

13 わり算（÷2けた）③

① 17あまり15　② 28あまり19
③ 14あまり25　④ 21あまり1
⑤ 41あまり3　⑥ 46あまり15
⑦ 21あまり11　⑧ 16あまり2
⑨ 48あまり9

14 わり算（÷2けた）④

1 320÷26＝12あまり8
答え　12本とれて8cmあまる

2 800÷19＝42あまり2
答え　42人に配れて2まいあまる

3 683÷18＝37あまり17　答え　38まい

15 垂直と平行 ①

1 ㋐，㋑，㋓，㋔（順不同）

2 ㋑と㋓，㋒と㋕，㋔と㋖（順不同）

16 垂直と平行 ②

1 ㋐　70°　㋑　110°　㋒　70°
㋓　70°　㋔　110°

2 ①　3cm　②　5cm　③　長方形
④

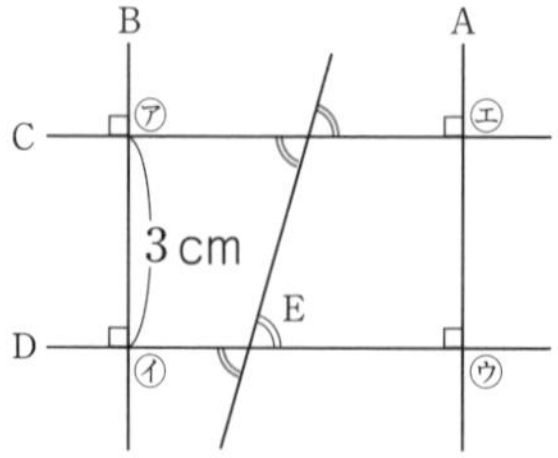

17 四角形 ①

①
（例）

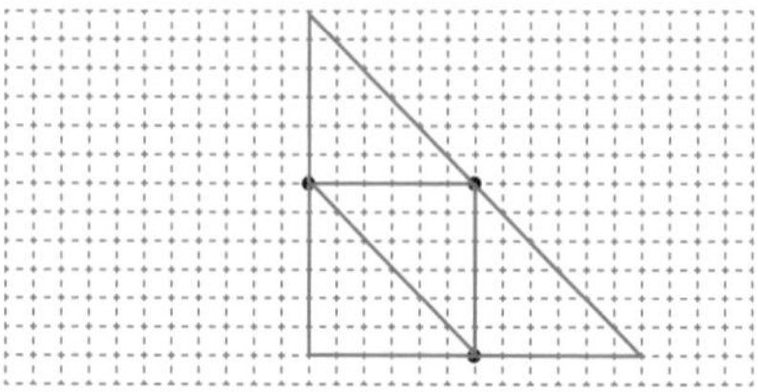

②
（例）

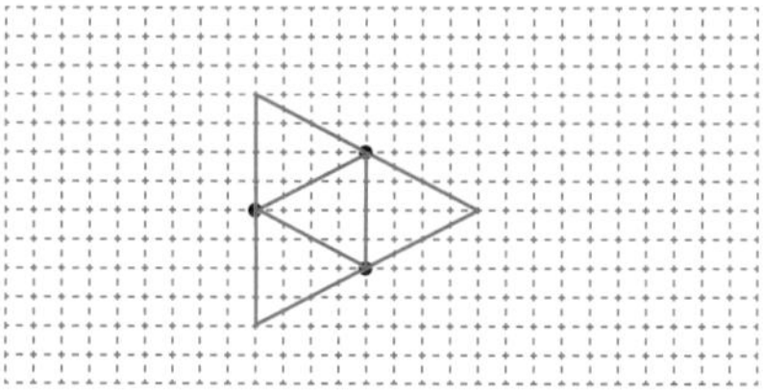

18 四角形 ②

① ㋐，㋒　② ㋐，㋒，㋓，㋕
③ ㋐，㋒，㋓，㋕　④ ㋑
⑤ ㋐，㋒，㋓，㋕　⑥ ㋐，㋒
⑦ ㋔　（それぞれ順不同）

19 折れ線グラフ ①

① 17，22
② 気温　③ 時こく

20 折れ線グラフ ②

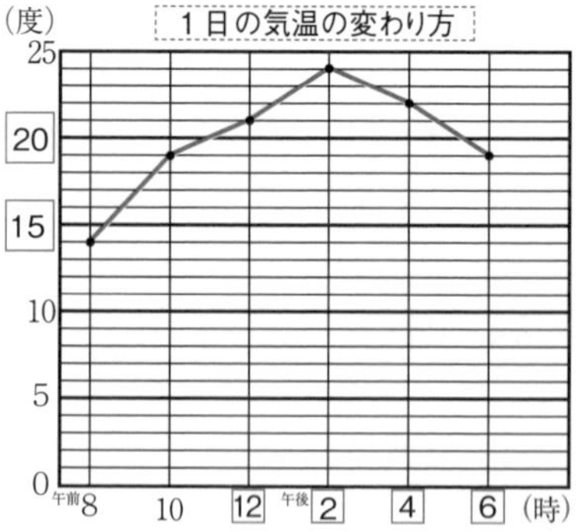

21 表の整理 ①

①

くだもの	人数（人）	
イチゴ	正	5
メロン	正一	6
リンゴ	下	3
バナナ	𤴓	4
ミカン	丅	2
合　計		20

② メロン

22 表の整理 ②

①

形＼色	白色		青色	
三角形	𤴓	4	正一	6
四角形	正丅	7	下	3
合計	11		9	

② 白色の四角形

23 およその数 ①

1 ① 2000　② 2000
③ 4000　④ 5000

2 ① 40000　② 30000
③ 80000　④ 80000
⑤ 240000　⑥ 560000

24 およその数 ②

1 ① 500　② 900
③ 1000　④ 4000

2 ① 7700　② 5600
③ 49000　④ 76000
⑤ 620000　⑥ 370000

25 およその数 ③

1 ① 61860＋25820＝87680→約88000
答え　（約）88000円

② 61860→62000，25820→26000
62000＋26000＝88000
答え　（約）88000円

2 26200→26000，31800→32000
26000＋32000＝58000
答え　（約）58000円

26 およその数 ④

1 ① 7884÷36＝219→約200
答え　（約）200円

② 7884→8000，36→40
8000÷40＝200　答え　（約）200円

2 6300→6000，208→200
6000÷200＝30　答え　（約）30箱

27 面積 ①

① 42×60＝2520　答え　2520cm^2
② 15×15＝225　答え　225cm^2
③ 2×5＝10　答え　10m^2
④ 10×10＝100　答え　100m^2

28 面積 ②

1 （3－1）×6＝2×6＝12
答え　12m^2

2 2km→2000m　600×2000＝1200000
答え　1200000m^2

3 400×400－200×200＝160000－40000
＝120000
答え　120000m^2

29 面積 ③

1 ① 20×25＝500　答え　500m^2
② 500÷100＝5　答え　5a

2 30×40－10×20＝1200－200＝1000
1000÷100＝10　答え　10a

3 8a→800m^2
800÷20＝40　答え　40m

30 面積 ④

[1] ① 250×200＝50000

答え 50000m^2

② 1 ha→10000m^2

50000÷10000＝5 答え 5 ha

[2] 10000÷100＝100 答え 100a

[3] 1 km^2→1000000m^2

1000000÷10000＝100 答え 100ha

31 小数のたし算 ①

① 6.54 ② 4.77 ③ 9.47

④ 9.74 ⑤ 6.81 ⑥ 10.47

⑦ 7.75 ⑧ 0.15 ⑨ 1.17

⑩ 9 ⑪ 7 ⑫ 1.1

⑬ 7.182 ⑭ 0.6

32 小数のたし算 ②

[1] ① 8.99 ② 9.37 ③ 6.34

④ 5.81 ⑤ 0.17 ⑥ 1.11

⑦ 10 ⑧ 4 ⑨ 2.1

[2] 0.45＋3.5＝3.95 答え 3.95kg

33 小数のひき算 ①

① 4.21 ② 2.25 ③ 5.22

④ 3.11 ⑤ 0.48 ⑥ 0.33

⑦ 1.46 ⑧ 0.15 ⑨ 0.06

⑩ 5.22 ⑪ 4.04 ⑫ 4

⑬ 4.29 ⑭ 0.317

34 小数のひき算 ②

[1] ① 2.21 ② 0.11 ③ 0.67

④ 4.44 ⑤ 0.24 ⑥ 0.02

⑦ 5.19 ⑧ 3.54 ⑨ 9

[2] 17.8－8.9＝8.9 答え 8.9m

35 小数のかけ算

① 15.2 ② 18 ③ 4

④ 94.5 ⑤ 182.4 ⑥ 166.8

⑦ 70.2 ⑧ 98 ⑨ 200.1

⑩ 3416.4 ⑪ 216.66 ⑫ 604.5

36 小数のわり算 ①

① 6.3 ② 4.3 ③ 7.8

④ 9.4 ⑤ 6.5 ⑥ 6.4

⑦ 2.4 ⑧ 0.57 ⑨ 0.34

37 小数のわり算 ②

① 0.148 ② 0.0625

③ 0.362 ④ 3.45

38 小数のわり算 ③

[1] ① 4.7あまり0.8 ② 3.6あまり1.3

[2] ① 3.84 答え 3.8

② 2.45 答え 2.5

39 分数のたし算

① 1 ② 1 ③ 1 ④ 1

⑤ 1 ⑥ $1\frac{5}{7}$ ⑦ $1\frac{5}{6}$ ⑧ 3

⑨ $2\frac{3}{5}$ ⑩ $3\frac{5}{6}$

⑪ $3\frac{4}{7}$ ⑫ $2\frac{5}{8}$

⑬ $3\frac{8}{9}$ ⑭ $4\frac{4}{7}$

⑮ $5\frac{5}{6}$ ⑯ $6\frac{3}{5}$

40 分数のひき算

① 1 ② 2 ③ 1 ④ 2

⑤ $1\frac{4}{7}$ ⑥ $1\frac{3}{10}$

⑦ $1\frac{1}{9}$　⑧ $1\frac{3}{4}$

⑨ $\frac{6}{7}$　⑩ $2\frac{5}{6}$

⑪ $3\frac{7}{8}$　⑫ $1\frac{5}{7}$

⑬ $1\frac{5}{6}$　⑭ $2\frac{3}{4}$

41 直方体と立方体 ①

① 面㋒　② 面㋕

③ 面㋑，面㋓，面㋔，面㋕（順不同）

④ 面 6，辺 12，ちょう点 8

42 直方体と立方体 ②

1 ① 面㋕　② 面㋓

③ 面㋐，面㋑，面㋓，面㋕（順不同）

2 ① 面㋔　② 面㋒

43 位置の表し方 ①

① 横　5 cm，たて　3 cm

② 横　4 cm，たて　7 cm

③ 横　2 cm，たて　0 cm

④⑤

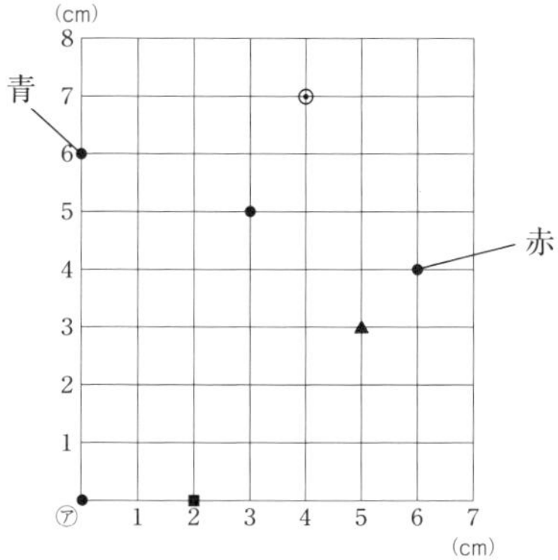

44 位置の表し方 ②

1 ① 横　3 cm，たて　4 cm，
高さ　2 cm

② 横　2 cm，たて　0 cm，
高さ　1 cm

2 ㋑ 横　8 m，たて　4 m，高さ　8 m

㋒ 横　4 m，たて　8 m，高さ　8 m

㋓ 横　8 m，たて　8 m，高さ　6 m

㋔ 横　8 m，たて　0 m，高さ　8 m

45 計算のきまり ①

1 90× 6 ＋130× 5 ＝540＋650＝1190

答え　1190円

2 150－ 4 ×25＝150－100＝50

答え　50まい

3 480÷ 6 ＋520÷ 4 ＝80＋130＝210

答え　210円

46 計算のきまり ②

1 ① 27×（0.4×25）＝27×10＝270

② 27＋（0.4＋1.6）＝27＋ 2 ＝29

③ （27＋ 3 ）× 9 ＝30× 9 ＝270

④ （27－ 7 ）× 5 ＝20× 5 ＝100

2 ① （4.6－2.6）× 8 ＝ 2 × 8 ＝16

② 24×（ 4 ×2.5）＝24×10＝240

③ 2.5×（12＋18）＝2.5×30＝75

47 計算のきまり ③

① 10× 4 －0.5× 4 ＝40－ 2 ＝38

② 3.8×（ 8 ×2.5）＝3.8×20＝76

③ （3.5× 4 ）÷（2.5× 4 ）＝14÷10＝1.4

48 変わり方

1 ①

三角形の数（こ）	1	2	3	4	5	6
マッチぼうの数（本）	3	5	7	9	11	13

② 2本

③ 21本

2 28＋11＝39　答え　39さい

理科

1 季節と生き物のようす ①

[1] ① ツバメ ② わたり鳥
③ タンポポ ④ くき ⑤ 花

[2] ① ㋑ ② ㋒ ③ ㋓ ④ ㋐

2 季節と生き物のようす ②

[1] ① ㋓ ② ㋒ ③ ㋐ ④ ㋑

[2] ① ツバメ ② あたたかい
③ カモ

3 天気のようすと気温

① 低く ② 高く ③ 大きく
④ 小さく ⑤ 正午 ⑥ 日光
⑦ 地面 ⑧ 空気 ⑨ 日の出

4 電気のはたらき ①

[1] ① ＋極 ② －極 ③ 反対

[2] ① 向き ② 大きさ
③ けん流計 ④ 大きく
(①, ②順不同)

5 電気のはたらき ②

[1] ① 直列 ② へい列 ③ 直列
④ へい列 ⑤ へい列

[2] ㋐ △ ㋑ ○ ㋒ ×

6 空気と水 ①

(1) ① 空気 ② 後玉
③ おしちぢめ

(2) ① おしちぢめ ② 小さく
③ 元にもどろう

(3) ① 元にもどろう ② 前玉
③ 飛びます

7 空気と水 ②

(1) ① ㋐ ② ㋑ ③ 小さく
④ 変わりません
⑤ 元にもどろう

(2) ① 空気 ② ㋑
③ ㋐ ④ おしちぢめられる

8 月や星の動き ①

[1] ㋐→㋕→㋒→㋓→㋑→㋔→㋐

[2] ① 形 ② 満月 ③ 半月
④ 太陽 ⑤ 東 ⑥ 南 ⑦ 西

9 月や星の動き ②

[1] ① ベガ ② デネブ
③ アルタイル
㋐ ことざ ㋑ はくちょうざ
㋒ わしざ

[2] ① ○ ② × ③ ○
④ ○ ⑤ ○

10 水のゆくえ

[1] ① × ② ○ ③ ○ ④ ○

[2] ① へって ② じょう発
③ 水じょう気 ④ 日なた

11 動物の体のつくり ①

① ㋐, 頭 ② ㋓, 足 ③ ㋑, むね
④ ㋒, せなか ⑤ 関節

12 動物の体のつくり ②

(1) ① ㋒ ② ㋑ ③ ㋐
④ ㋓ ⑤ ㋔

(2) ① ほね ② ちぢめ ③ 体
④ ちぢみ ⑤ ゆるみ

13 温度によるかさの変化 ①

① 通ります　② 通りません
③ 冷やす　④ 大きく　⑤ 小さく
⑥ あたためる　⑦ 金ぞく

14 温度によるかさの変化 ②

1 ① 湯　② あたため
③ ふえ　④ 大きく
⑤ 暑さ　⑥ のびて
2 ① ふえ　② へり
③ 大きく　④ 小さく

15 物のあたたまり方

1 Ⓐ（ア）→（イ）→（ウ）→（エ）
Ⓑ（イ）→（ア）→（ウ）→（エ）
Ⓒ（イ）→（ア）→（ウ）→（エ）
2 ○がつくもの ㋑，㋒

16 水のすがた

1 ① 温度　② 水じょう気
③ えき体　④ 固体
⑤ 気体　⑥ 0
⑦ 100
2 ○がつくもの ㋐，㋒

社会

1 ごみのしょり ①

1 ① 毎週　火・金曜
② もえないごみ
③ 午前9時まで
2 ① ごみピット
② 電気，温水プール
③ うめ立て場

2 ごみのしょり ②

1 ① ㋑　② ㋐
③ ㋒
2 ㋐ あきかん　㋑ ペットボトル
㋒ あきびん　㋓ 古新聞

3 くらしと水 ①

① 水げんの森　② ダム
③ じょう水場　④ 下水しょり場

4 くらしと水 ②

1 ㋐ Ⓑ　㋑ Ⓐ
2 ㋐ ちんさ池　㋑ かくはん池
㋒ ちんでん池　㋓ ろか池

5 自然災害から人々を守る ①

(1) ① 津波　② 風水害　③ 雪害
(2) 地しん
(3) 津波

6 自然災害から人々を守る ②

Ⓐ 公助　① ハザードマップ
Ⓑ 共助　② ひなん
③ ぼうさい
Ⓒ 自助　④ 食料品
⑤ 家具

7 地いきを開く ①（通潤橋）

(1) ① 深い谷　② 橋
③ 落ちる力　④ 石
⑤ 台地
(2) 3

8 地いきを開く ②（那須疏水）

(1) ① 底　② ふせこし

③ 農業
(2) ②

⑨ 日本の国土

㋐ 北海道　㋑ 東北　㋒ 関東
㋓ 中部　㋔ 近畿　㋕ 中国
㋖ 四国　㋗ 九州

⑩ 北海道・東北地方

① 北海道　② 青森県　③ 岩手県
④ 宮城県　⑤ 秋田県　⑥ 山形県
⑦ 福島県

⑪ 関東地方

① 茨城県　② 栃木県　③ 群馬県
④ 埼玉県　⑤ 千葉県　⑥ 東京都
⑦ 神奈川県

⑫ 中部地方

① 新潟県　② 富山県　③ 石川県
④ 福井県　⑤ 山梨県　⑥ 長野県
⑦ 岐阜県　⑧ 静岡県　⑨ 愛知県

⑬ 近畿地方

① 三重県　② 滋賀県　③ 京都府
④ 大阪府　⑤ 兵庫県　⑥ 奈良県
⑦ 和歌山県

⑭ 中国・四国地方

① 鳥取県　② 島根県　③ 岡山県
④ 広島県　⑤ 山口県　⑥ 徳島県
⑦ 香川県　⑧ 愛媛県　⑨ 高知県

⑮ 九州地方

① 福岡県　② 佐賀県　③ 長崎県
④ 熊本県　⑤ 大分県　⑥ 宮崎県
⑦ 鹿児島県　⑧ 沖縄県

⑯ 地図学習

(1) けいさつしょ，ゆうびん局（順不同）
(2) ５万分の１
(3) 500
(4) ㋒

国語

① 漢字の読み ①

① いど　② せんごく
③ きぼう　④ さいてい
⑤ けいば　⑥ つうか
⑦ ぎかい　⑧ かだい
⑨ じかく　⑩ しゅうへん
⑪ こたい　⑫ せいさん
⑬ しけん　⑭ はんせい
⑮ ひょうご

② 漢字の読み ②

① ひゃくちょう　② いるい
③ えいよう　④ きかい
⑤ かんさつ　⑥ とくべつ
⑦ どうとく　⑧ のうふ
⑨ けっかん　⑩ じてん
⑪ あいけん　⑫ さんか
⑬ ぐんぶ　⑭ いんさつ
⑮ きかん

③ 漢字の読み ③

① がっき　② ろうりょく
③ みんぽう　④ ようなし

⑤ ねったい　⑥ しろくま

⑦ きねん　⑧ がいとう

⑨ しょうか　⑩ がしょう

⑪ れんけつ　⑫ せんきょ

⑬ たいぐん　⑭ きろく

⑮ しめい

4 漢字の読み ④

① しょしん　② しょうめい

③ きょうがく　④ きよう

⑤ りくぐん　⑥ はんけい

⑦ きょうそう　⑧ こうがい

⑨ へいたい　⑩ さんぽ

⑪ てんこう　⑫ たいさ

⑬ とうひょう　⑭ かんれい

⑮ けんこく

5 漢字の読み ⑤

① いか　② むはい

③ けっそく　④ しかい

⑤ ひこう　⑥ とうぜん

⑦ けっせき　⑧ きゅうりょう

⑨ もくざい　⑩ えんじ

⑪ きょうりょく　⑫ かいさつ

⑬ けいき　⑭ せいこう

⑮ な（く）

6 漢字の読み ⑥

① かいてい　② かんせい

③ ひつよう　④ しゅうまつ

⑤ けんみん　⑥ けんこう

⑦ りょうこう　⑧ いち

⑨ きょうだい　⑩ べんり

⑪ せいよう　⑫ きゅうじん

⑬ りょうてき　⑭ せいりゅう

⑮ てんさ

7 漢字の書き ①

① 不満　② 入浴　③ 英語

④ 塩水　⑤ 一億　⑥ 結果

⑦ 車輪　⑧ 発芽　⑨ 各種

⑩ 変化　⑪ 願望　⑫ 昨年

⑬ 命令　⑭ 挙手　⑮ 陸地

8 漢字の書き ②

① 勇者　② 博学　③ 右側

④ 例題　⑤ 材料　⑥ 松林

⑦ 巣箱　⑧ 漁業　⑨ 連日

⑩ 季節　⑪ 老人　⑫ 大臣

⑬ 祝日　⑭ 順番　⑮ 建国

9 漢字の書き ③

① 梅林　② 伝達　③ 単位

④ 借用　⑤ 積雪　⑥ 訓練

⑦ 必要　⑧ 北極　⑨ 野菜

⑩ 国旗　⑪ 人類　⑫ 信号

⑬ 府立　⑭ 未来　⑮ 貨物

10 漢字の書き ④

① 官民　② 約束　③ 努力

④ 説明　⑤ 失敗　⑥ 卒業

⑦ 議会　⑧ 付近　⑨ 牧場

⑩ 案内　⑪ 欠点　⑫ 倉庫

⑬ 生徒　⑭ 仲間　⑮ 子孫

11 漢字の書き ⑤

① 包帯　② 海辺　③ 右折

④ 続出　⑤ 手芸　⑥ 治安

⑦ 年末　⑧ 副業　⑨ 朝飯

⑩ 残念　⑪ 労働　⑫ 自然

⑬ 笑う　⑭ 浅い　⑮ 焼く

⑫ 漢字の書き ⑥

① 新潟　② 栃木　③ 茨城
④ 富山　⑤ 埼玉　⑥ 静岡
⑦ 岐阜　⑧ 滋賀　⑨ 奈良
⑩ 大阪　⑪ 香川　⑫ 愛媛
⑬ 宮崎　⑭ 鹿児島　⑮ 沖縄

⑬ 四字じゅく語 ①

① 熱帯気候，ねったいきこう
② 入場無料，にゅうじょうむりょう
③ 心機一転，しんきいってん
④ 栄養満点，えいようまんてん
⑤ 観光旅行，かんこうりょこう
⑥ 一利一害，いちりいちがい
⑦ 入学試験，にゅうがくしけん
⑧ 治山治水，ちさんちすい

⑭ 四字じゅく語 ②

① 課題図書，かだいとしょ
② 寒冷前線，かんれいぜんせん
③ 億万長者，おくまんちょうじゃ
④ 貨物列車，かもつれっしゃ
⑤ 千差万別，せんさばんべつ
⑥ 照明器具，しょうめいきぐ
⑦ 二束三文，にそくさんもん
⑧ 完全無欠，かんぜんむけつ

⑮ 四字じゅく語 ③

① 自信満満，じしんまんまん
② 不言実行，ふげんじっこう
③ 完全試合，かんぜんじあい
④ 一挙一動，いっきょいちどう
⑤ 料金改定，りょうきんかいてい
⑥ 愛鳥週間，あいちょうしゅうかん
⑦ 発芽実験，はつがじっけん
⑧ 先手必勝，せんてひっしょう

⑯ 四字じゅく語 ④

① 連戦連勝，れんせんれんしょう
② 以心伝心，いしんでんしん
③ 自給自足，じきゅうじそく
④ 百点満点，ひゃくてんまんてん
⑤ 不老不死，ふろうふし
⑥ 選挙運動，せんきょうんどう
⑦ 駅伝競走，えきでんきょうそう
⑧ 多種多様，たしゅたよう

⑰ じゅく語づくり ①

① 街　② 機　③ 最　④ 成

⑱ じゅく語づくり ②

① 清　② 特　③ 熱　④ 満

⑲ じゅく語づくり ③

① 器　② 害　③ 唱　④ 景

⑳ じゅく語づくり ④

① 成　② 戦　③ 典　④ 民

㉑ じゅく語づくり ⑤

① 給　② 加　③ 選　④ 失

㉒ じゅく語づくり ⑥

① 要　② 標　③ 録　④ 願

㉓ 漢字のしりとり ①

① 愛児→児童→童話→話題
② 参加→加入→入会→会議
③ 改良→良心→心配→配達
④ 好機→機関→関節→節約
⑤ 無残→残念→念願→願書

㉔ 漢字のしりとり ②

① 必要→要求→求人→人類
② 続出→出席→席順→順位
③ 最終→終結→結果→果実
④ 当選→選挙→挙式→式典
⑤ 必勝→勝敗→敗戦→戦後

㉕ 漢字のしりとり ③

① 最初→初期→期末→末代
② 熱戦→戦争→争議→議長
③ 祝辞→辞表→表札→札所
④ 参観→観戦→戦国→国民
⑤ 兵隊→隊列→列挙→挙手

㉖ 漢字のしりとり ④

① 目標→標高→高低→低温
② 満月→月給→給食→食器
③ 特別→別便→便利→利害
④ 持参→参道→道標→標的
⑤ 建国→国民→民主→主観

㉗ 漢字の部首 ①

① うかんむり ② あめかんむり
③ くさかんむり ④ たけかんむり
⑤ にんべん ⑥ ぎょうにんべん
⑦ きへん ⑧ てへん
⑨ さんずい ⑩ にすい

㉘ 漢字の部首 ②

① ごんべん ② いとへん
③ しんにょう ④ そうにょう
⑤ こころ ⑥ れっか
⑦ まだれ ⑧ やまいだれ
⑨ ころもへん ⑩ しめすへん

㉙ 送りがな ①

① 省く ② 改める ③ 浴びる
④ 争う ⑤ 養う ⑥ 戦う
⑦ 積もる ⑧ 別れる ⑨ 努める
⑩ 清い

㉚ 送りがな ②

① 試みる ② 包む ③ 変わる
④ 老いる ⑤ 産まれる ⑥ 満ちる
⑦ 唱える ⑧ 付ける ⑨ 欠ける
⑩ 必ず

㉛ 動き言葉 ①

① ㋐ ② ㋑ ③ ㋒
④ ㋐ ⑤ ㋒

㉜ 動き言葉 ②

① 笑った ② 食べよう
③ 信じなさい ④ 走ろうよ
⑤ ねます

㉝ ようす言葉 ①

① × ② ○ ③ × ④ ○
⑤ ○ ⑥ × ⑦ ○ ⑧ ×
⑨ × ⑩ ○

㉞ ようす言葉 ②

① 真っ白い ② 高い ③ うれしい
④ ゆかいな ⑤ 好きな

㉟ ようす言葉 ③

① もりもり ② もくもく
③ たぶん ④ ドンと ⑤ めったに

36 名前言葉

① 走り　② おどり　③ 登り
④ 教え　⑤ 白さ　⑥ 大きさ
⑦ あまさ　⑧ あつさ

37 文の組み立て ①

① 子ゾウが，生まれた。
② 親子は，出ました。
③ イチョウが，植えられた。
④ 花は，チューリップだ。
⑤ 母が，来ます。
⑥ 店員は，帰りました。

38 文の組み立て ②

① 小さい　② 美しい　③ 白い
④ わり算の　⑤ たくさんの

39 文の組み立て ③

① きれいに　② とつぜん
③ ぐらぐらと　④ 必死で
⑤ もくもく

40 文の組み立て ④

① 長い　② きれいな　③ 大切な
④ パンダの　⑤ 宿題の

41 文の組み立て ⑤

① 赤い金魚は、すいすい泳ぐ。
② 小さな女の子は、にっこりと笑った。
③ 大きなかぶが、いっぱい育った。
④ 白い雪が ちらちらふり出した。
⑤ 時計のふりこは ゆっくりふれた。

42 文の組み立て ⑥

① 色白の，小さい
② 八階建ての，大きな
③ とつぜん，ザーザーと
④ 川原で，べんとうを

43 文の組み立て ⑦

① ㋐ キクの　㋑ 花が
㋒ ゆれる　㋓ 風に
② ㋐ 白い　㋑ ネコが
㋒ ねらう　㋓ 魚を

44 文の組み立て ⑧

① ㋐ ぼくは　㋑ 三時に
㋒ 行く　㋓ コンビニへ
② ㋐ 妹は　㋑ きのう
㋒ 行った　㋓ 音楽会に
（②の㋑、㋓は順不同）

45 こそあど言葉 ①

① 水　② 島　③ 家
④ 本　⑤ そば，うどん，カレー

46 こそあど言葉 ②

① この　② あの
③ どの　④ その

47 つなぎ言葉 ①

① それで　② しかし
③ それとも　④ なぜなら

48 つなぎ言葉 ②

① が　② し　③ と

A 英　語

① アルファベットの大文字 ①

省略

② アルファベットの大文字 ②

1 省略

2 ① DOG

② CAR

③ PEN

③ アルファベットの小文字 ①

省略

④ アルファベットの小文字 ②

1 省略

2 ① piano

② violin

③ guitar

⑤ 何曜日かな？ ①

省略

⑥ 何曜日かな？ ②

① It's Monday.

② It's Friday.

⑦ 数字 ①

省略

⑧ 数字 ②

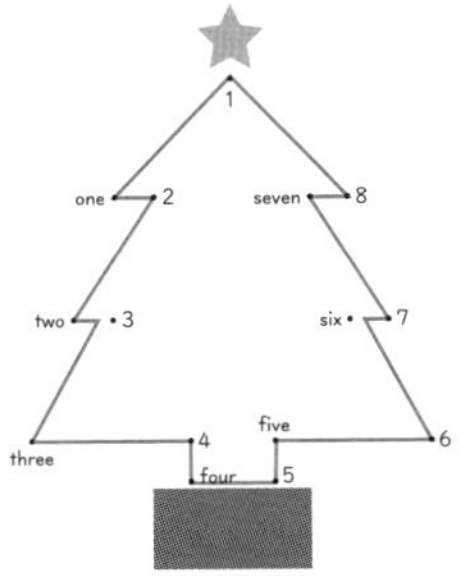

⑨ 好きな動物は？ ①

省略

⑩ 好きな動物は？ ②

省略

※４つから選んで書けていれば正かいとします

⑪ 野菜&くだものシルエット

① onion　② lemon

③ apple　④ carrot

⑫ 色をさがせ！

d	r	e	d	p	u	k	t
w	h	b	l	u	e	n	x
d	b	l	a	c	k	r	c
g	r	e	n	h	m	w	z
y	e	l	l	o	w	a	f
o	i	j	w	h	i	t	e
r	q	g	r	e	e	n	y

⑬ 教科

省略

⑭ スポーツで使うものは？

①—ウ，②—イ，③—ア

④—オ，⑤—エ

達成表《たっせいひょう》

勉強《べんきょう》がおわったページにチェックを入れてね。問題《もんだい》が全部《ぜんぶ》できて、字《じ》もていねいに書《か》けていたら「よくできた」だよ。全部《ぜんぶ》の問題《もんだい》が「よくできた」になるようにがんばろう！

教科《きょうか》	タイトル	学習日《がくしゅうび》	もうすこし	ぜんぶできた	よくできた
算数	1 大きい数 ①	／			
	2 大きい数 ②	／			
	3 角と角度 ①	／			
	4 角と角度 ②	／			
	5 角と角度 ③	／			
	6 角と角度 ④	／			
	7 わり算（÷1けた）①	／			
	8 わり算（÷1けた）②	／			
	9 わり算（÷1けた）③	／			
	10 わり算（÷1けた）④	／			
	11 わり算（÷2けた）①	／			
	12 わり算（÷2けた）②	／			
	13 わり算（÷2けた）③	／			
	14 わり算（÷2けた）④	／			
	15 垂直と平行 ①	／			
	16 垂直と平行 ②	／			
	17 四角形 ①	／			
	18 四角形 ②	／			
	19 折れ線グラフ ①	／			
	20 折れ線グラフ ②	／			
	21 表の整理 ①	／			
	22 表の整理 ②	／			
	23 およその数 ①	／			
	24 およその数 ②	／			
	25 およその数 ③	／			
	26 およその数 ④	／			
	27 面積 ①	／			
	28 面積 ②	／			
	29 面積 ③	／			
	30 面積 ④	／			
	31 小数のたし算 ①	／			
	32 小数のたし算 ②	／			

教科《きょうか》	タイトル	学習《がくしゅう》日《び》	もうすこし	ぜんぶできた	よくできた
算数	33 小数のひき算 ①	／			
	34 小数のひき算 ②	／			
	35 小数のかけ算	／			
	36 小数のわり算 ①	／			
	37 小数のわり算 ②	／			
	38 小数のわり算 ③	／			
	39 分数のたし算	／			
	40 分数のひき算	／			
	41 直方体と立方体 ①	／			
	42 直方体と立方体 ②	／			
	43 位置の表し方 ①	／			
	44 位置の表し方 ②	／			
	45 計算のきまり ①	／			
	46 計算のきまり ②	／			
	47 計算のきまり ③	／			
	48 変わり方	／			
理科	1 季節と生き物のようす ①	／			
	2 季節と生き物のようす ②	／			
	3 天気のようすと気温	／			
	4 電気のはたらき ①	／			
	5 電気のはたらき ②	／			
	6 空気と水 ①	／			
	7 空気と水 ②	／			
	8 月や星の動き ①	／			
	9 月や星の動き ②	／			
	10 水のゆくえ	／			
	11 動物の体のつくり ①	／			
	12 動物の体のつくり ②	／			
	13 温度によるかさの変化 ①	／			
	14 温度によるかさの変化 ②	／			
	15 物のあたたまり方	／			
	16 水のすがた	／			

教科《きょうか》	タイトル	学習《がくしゅう》日《び》	もうすこし	ぜんぶできた	よくできた
社会	1 ごみのしょり ①	／			
	2 ごみのしょり ②	／			
	3 くらしと水 ①	／			
	4 くらしと水 ②	／			
	5 自然災害から人々を守る ①	／			
	6 自然災害から人々を守る ②	／			
	7 地いきを開く ①（通潤橋）	／			
	8 地いきを開く ②（那須疏水）	／			
	9 日本の国土	／			
	10 北海道・東北地方	／			
	11 関東地方	／			
	12 中部地方	／			
	13 近畿地方	／			
	14 中国・四国地方	／			
	15 九州地方	／			
	16 地図学習	／			
国語	1 漢字の読み ①	／			
	2 漢字の読み ②	／			
	3 漢字の読み ③	／			
	4 漢字の読み ④	／			
	5 漢字の読み ⑤	／			
	6 漢字の読み ⑥	／			
	7 漢字の書き ①	／			
	8 漢字の書き ②	／			
	9 漢字の書き ③	／			
	10 漢字の書き ④	／			
	11 漢字の書き ⑤	／			
	12 漢字の書き ⑥	／			
	13 四字じゅく語 ①	／			
	14 四字じゅく語 ②	／			
	15 四字じゅく語 ③	／			
	16 四字じゅく語 ④	／			

教科《きょうか》	タイトル	学習日《がくしゅうび》	もうすこし	ぜんぶできた	よくできた
国語	17 じゅく語づくり ①	／			
	18 じゅく語づくり ②	／			
	19 じゅく語づくり ③	／			
	20 じゅく語づくり ④	／			
	21 じゅく語づくり ⑤	／			
	22 じゅく語づくり ⑥	／			
	23 漢字のしりとり ①	／			
	24 漢字のしりとり ②	／			
	25 漢字のしりとり ③	／			
	26 漢字のしりとり ④	／			
	27 漢字の部首 ①	／			
	28 漢字の部首 ②	／			
	29 送りがな ①	／			
	30 送りがな ②	／			
	31 動き言葉 ①	／			
	32 動き言葉 ②	／			
	33 ようす言葉 ①	／			
	34 ようす言葉 ②	／			
	35 ようす言葉 ③	／			
	36 名前言葉	／			
	37 文の組み立て ①	／			
	38 文の組み立て ②	／			
	39 文の組み立て ③	／			
	40 文の組み立て ④	／			
	41 文の組み立て ⑤	／			
	42 文の組み立て ⑥	／			
	43 文の組み立て ⑦	／			
	44 文の組み立て ⑧	／			
	45 こそあど言葉 ①	／			
	46 こそあど言葉 ②	／			
	47 つなぎ言葉 ①	／			
	48 つなぎ言葉 ②	／			

教科《きょうか》	タイトル	学習《がくしゅう》日《び》	もうすこし	ぜんぶできた	よくできた
英語	1 アルファベットの大文字 ①	／	A	A A	A A A
	2 アルファベットの大文字 ②	／	A	A A	A A A
	3 アルファベットの小文字 ①	／	A	A A	A A A
	4 アルファベットの小文字 ②	／	A	A A	A A A
	5 何曜日かな？ ①	／	A	A A	A A A
	6 何曜日かな？ ②	／	A	A A	A A A
	7 数字 ①	／	A	A A	A A A
	8 数字 ②	／	A	A A	A A A
	9 好きな動物は？ ①	／	A	A A	A A A
	10 好きな動物は？ ②	／	A	A A	A A A
	11 野菜＆くだものシルエット	／	A	A A	A A A
	12 色をさがせ！	／	A	A A	A A A
	13 教科	／	A	A A	A A A
	14 スポーツで使うものは？	／	A	A A	A A A

もくじ

1 日本の位置と範囲

1	三大洋と六大陸①	/40	2	三大洋と六大陸②	/40
3	地図の見方	/40	4	日本のまわりの国々	/40
5	日本のまわりの海	/40	6	日本のはしの島	/40
7	日本の国土	/40	8	日本の領土	/40
9	都道府県名①	/40	10	都道府県名②	

2 日本の地形と気候

11	日本の山脈・山地①	/40	12	日本の山脈・	
13	日本の川と平野①	/40	14	日本の川と平野②	/40
15	高い土地の人々のくらし①	/40	16	高い土地の人々のくらし②	/40
17	低い土地の人々のくらし①	/40	18	低い土地の人々のくらし②	/40
19	日本の気候①	/40	20	日本の気候②	/40
21	日本の気候③	/40	22	日本の気候④	/40
23	あたたかい地域の人々のくらし	/40	24	寒い地域の人々のくらし	/40
25	あたたかい地域・寒い地域①	/40	26	あたたかい地域・寒い地域②	/40

3 米づくり

27	米づくりのさかんな地域①	/40	28	米づくりのさかんな地域②	/40
29	米づくりのさかんな地域③	/40	30	米づくりのさかんな地域④	/40
31	米づくりの一年①	/40	32	米づくりの一年②	/40
33	米づくりのくふう①	/40	34	米づくりのくふう②	/40
35	これからの米づくり①	/40	36	これからの米づくり②	/40

4 野菜・くだもの・畜産

37	野菜づくり①	/40	38	野菜づくり②	/40
39	くだものづくり①	/40	40	くだものづくり②	/40
41	畜産のさかんな地域①	/40	42	畜産のさかんな地域②	/40

5 水　産　業

43	漁業のさかんな地域①	/40	44	漁業のさかんな地域②	/40
45	漁業のさかんな地域③	/40	46	漁業のさかんな地域④	/40
47	とる漁業から育てる漁業①	/40	48	とる漁業から育てる漁業②	/40
49	これからの漁業①	/40	50	これからの漁業②	/40

6 これからの食料生産

51	これからの食料生産①	/40	52	これからの食料生産②	/40
53	これからの食料生産③	/40	54	これからの食料生産④	/40

7 日本の工業

55	工業と地域①	/40	56	工業と地域②	/40
57	工業と地域③	/40	58	工業と地域④	/40
59	工業と地域⑤	/40	60	工業と地域⑥	/40

8 自動車工業、大工場と中・小工場

61	自動車づくり①	/40	62	自動車づくり②	/40
63	自動車の部品をつくる工場	/40	64	これからの自動車づくり	/40
65	大工場と中・小工場①	/40	66	大工場と中・小工場②	/40

9 工業生産と貿易

67	工業生産と貿易①	/40	68	工業生産と貿易②	/40
69	工業生産と貿易③	/40	70	工業生産と貿易④	/40

10 くらしと情報

71	くらしと情報①	/40	72	くらしと情報②	/40
73	くらしと情報③	/40	74	くらしと情報④	/40

11 くらしと環境

75	自然災害①	/40	76	自然災害②	/40
77	自然災害を防ぐ取り組み①	/40	78	自然災害を防ぐ取り組み②	/40
79	森林のはたらき①	/40	80	森林のはたらき②	/40
81	公害と四大公害病①	/40	82	公害と四大公害病②	/40
83	自然を守る	/40	84	世界遺産	/40

1 三大洋と六大陸①

月　日

点/40点

❀ 図を見て、Ⓐ～Ⓒの海洋とあの名前を書きましょう。

（各10点）

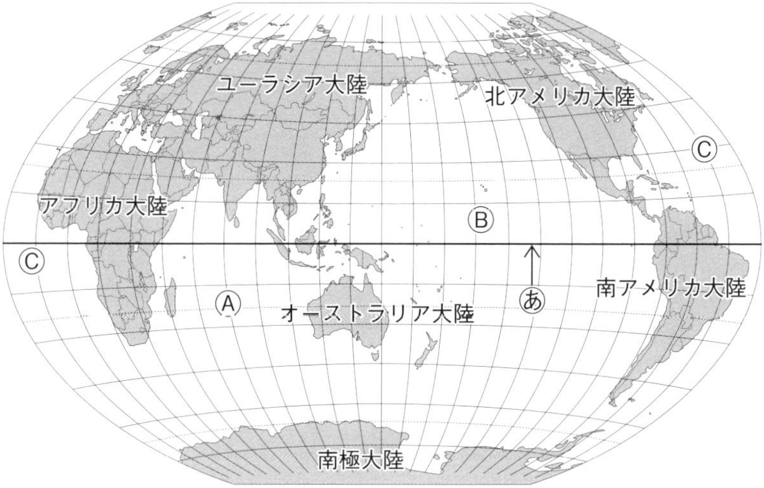

〈三大洋〉

Ⓐ		Ⓑ	
Ⓒ			

あ	

大西洋　　太平洋　　赤道　　インド洋

2 三大洋と六大陸②

月　日

点/40点

❀ 図を見て、①～⑥の大陸の名前を書きましょう。　（各8点）

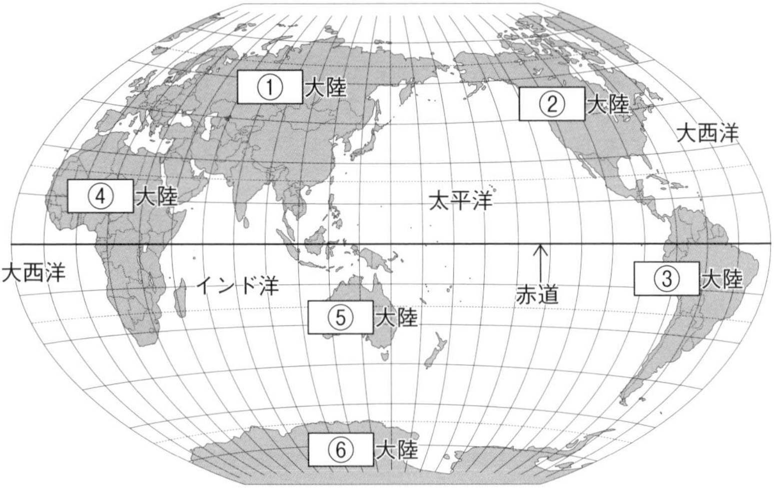

〈六大陸〉

①	大陸	②	大陸
③	大陸	④	大陸
⑤	大陸	⑥	南極　大陸

北アメリカ　南アメリカ　アフリカ
ユーラシア　オーストラリア

3 地図の見方

月　日

点/40点

❀ 図を見て、あとの問いに答えましょう。

（各８点）

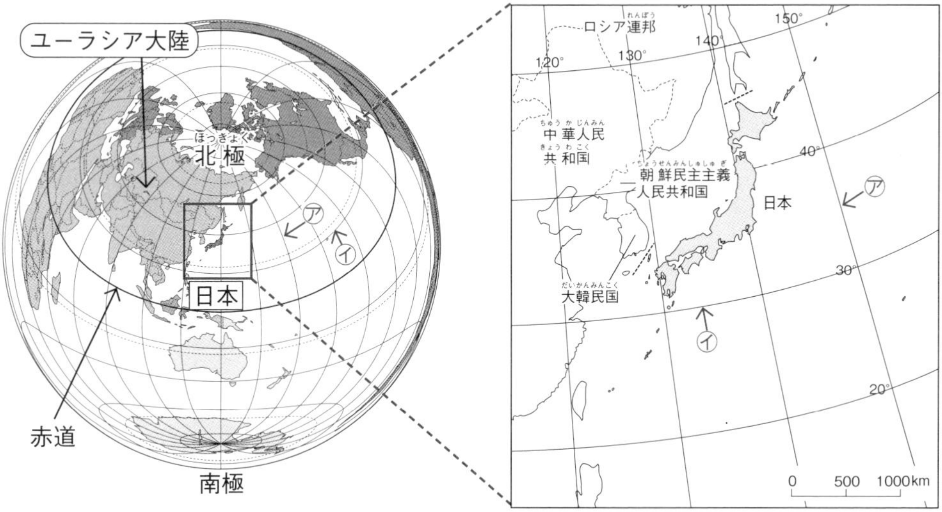

(1) 図の㋐と㋑は、経線《けいせん》と緯線《いせん》のどちらですか。

㋐		㋑	

(2) 次の言葉と関係するものを線で結びましょう。

① 経　度・　　　・㋐ 南極と北極からのきょりが同じで緯度が０度の線。

② 緯　度・　　　・㋑ 東西に180度ずつ分けた数字。

③ 赤　道・　　　・㋒ 赤道から南北に90度ずつ分けた数字。

4 日本のまわりの国々

月　日

点/40点

図を見て、①〜④の国の名前を書きましょう。（各10点）

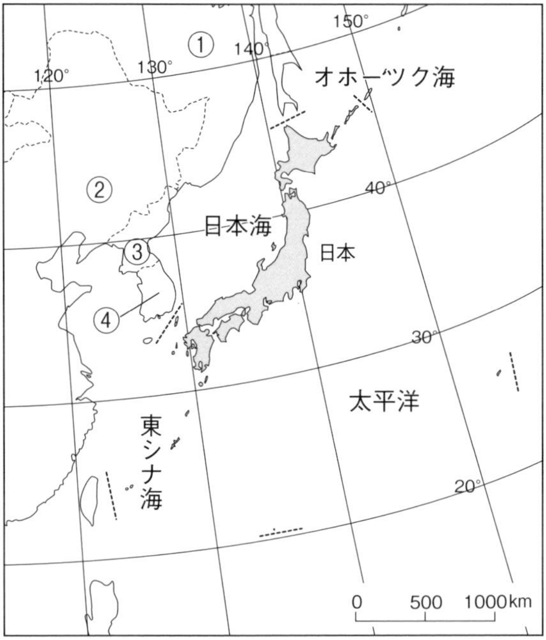

①		②	
③		④	

ロシア連邦《れんぽう》　中華人民共和国《ちゅうかじんみんきょうわこく》

大韓民国《だいかんみんこく》　朝鮮民主主義《ちょうせんみんしゅしゅぎ》人民共和国

5 日本のまわりの海

月　日

点/40点

図を見て、㋐～㋓の海の名前を書きましょう。（各10点）

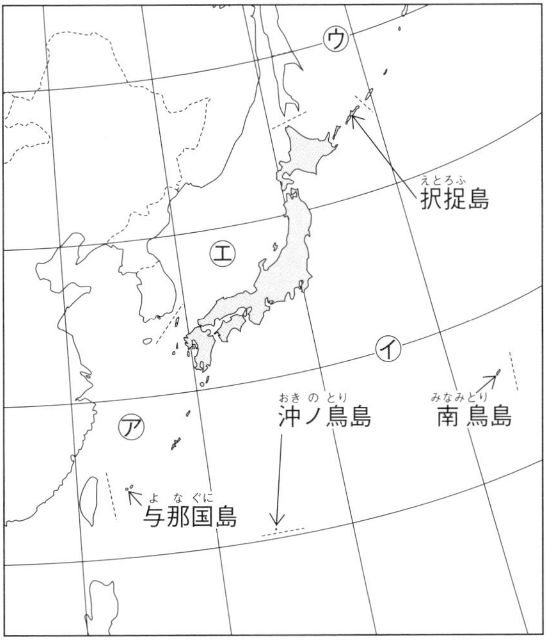

㋐		㋑	
㋒		㋓	

太平洋　オホーツク海　日本海　東シナ海

6 日本のはしの島

月　日

点/40点

図のⒶ～Ⓓは、日本のはしの島です。それぞれの島の名前を書きましょう。（各10点）

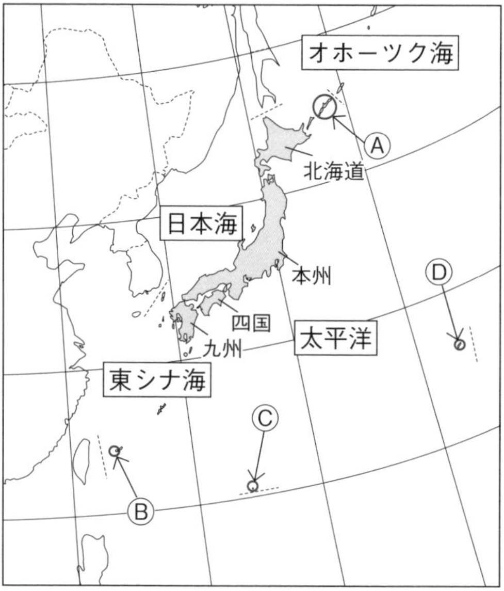

北のはし		西のはし	
Ⓐ		Ⓑ	
南のはし		東のはし	
Ⓒ		Ⓓ	

南鳥《みなみとり》島　択捉《えとろふ》島　与那国《よなぐに》島　沖ノ鳥《おきのとり》島

7 日本の国土

月　日

点/40点

❀ 文章を読んで、あとの問いに答えましょう。（各8点）

日本は、4つの大きな島と、およそ7000の島々からなっています。北のはしの島から西のはしの島まで約3300kmあり、4つの海に囲《かこ》まれた島国です。

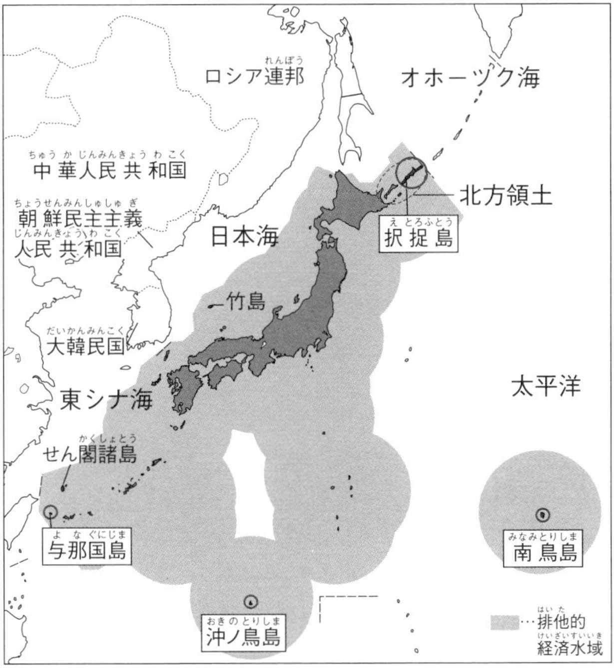

(1) 4つの大きな島を大きい順に書きましょう。

①	
②	
③	
④	

(2) 排他的経済水域《はいたてきけいざいすいいき》を守るために、波で無くならないように護岸《ごがん》工事をした島の名前を書きましょう。（　　　　　）

8 日本の領土

月　日

点/40点

地図を見て、あとの問いに答えましょう。

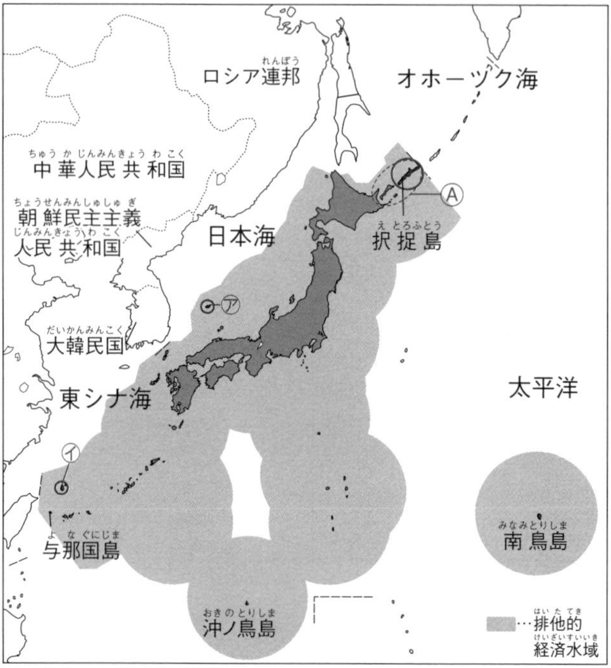

(1) 北のはしの島をふくむⒶは、日本固有の領土《りょうど》です。何といわれていますか。

また、今は、どの国に占領《せんりょう》されていますか。 (各6点)

① [　　　　　　]

② 国名

(　　　　　　)

(2) (1)のほかに、竹島とせん閣諸島《かくしょとう》についても領土をめぐって話し合いをしています。それぞれどの海にあって、どの国と話し合いをしていますか。 (各7点)

㋐ 竹島

[　　　　　　]海 (　　　　　　　　　　)

㋑ せん閣諸島

[　　　　　　]海 (　　　　　　　　　　)

9 都道府県名①

月	日
	点/40点

❀ 図の①～⑧は、海に面していない県です。県名を書きましょう。

（各５点）

山梨県　群馬県　長野県
埼玉県　栃木県　滋賀県
岐阜県　奈良県

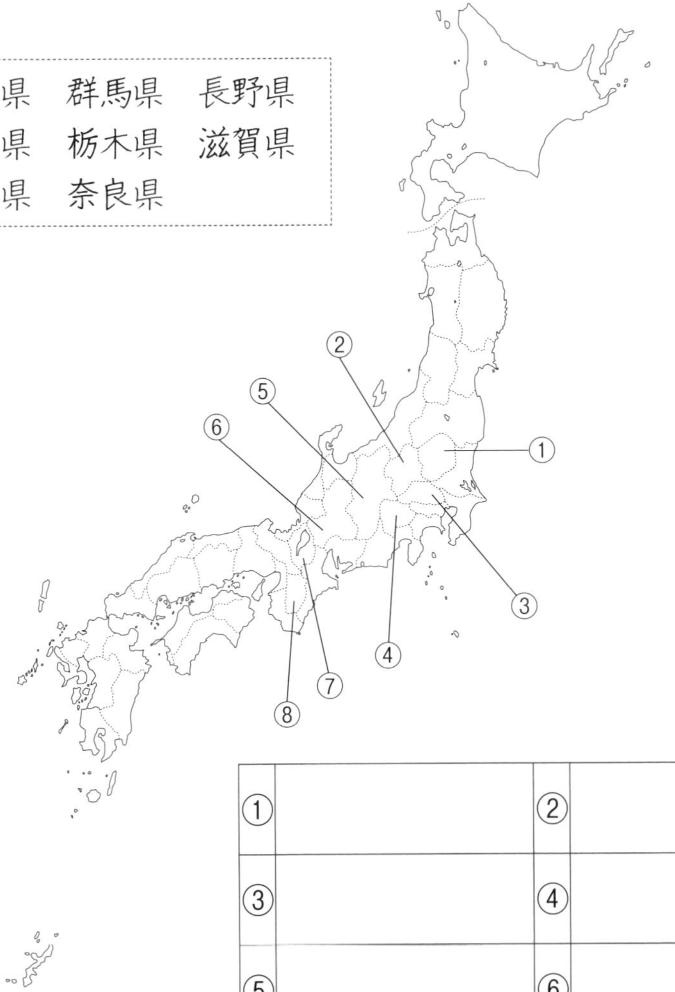

①		②	
③		④	
⑤		⑥	
⑦		⑧	

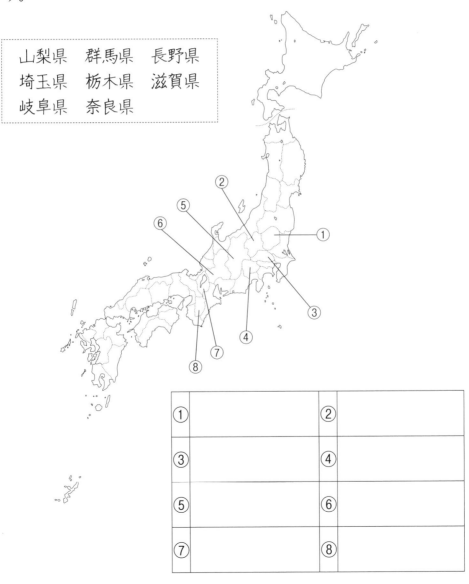

10 都道府県名②

月　日

点/40点

図の㋐～㋓は、面積が大きい順で、①～④は、面積が小さい順です。それぞれの都道府県名を書きましょう。（各５点）

(1) 面積が大きい順

㋐	
㋑	
㋒	
㋓	

福島県　北海道
長野県　岩手県

(2) 面積が小さい順

①	
②	
③	
④	

香川県　沖縄県
大阪府　東京都

11 日本の山脈・山地①

月　日

点/40点

図の①〜⑥の山脈《さんみゃく》の名前を書きましょう。（各８点）

奥羽《おうう》　日高《ひだか》　飛驒《ひだ》

越後《えちご》　木曽《きそ》

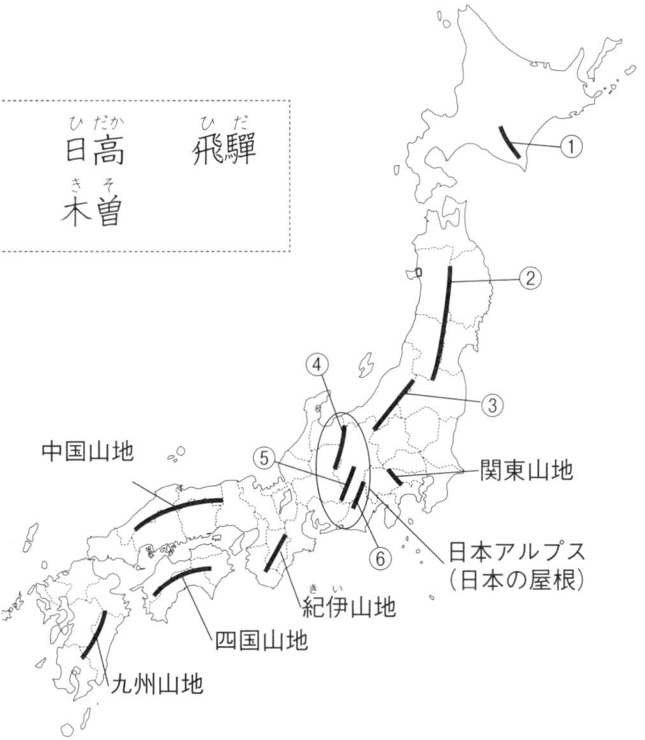

①	山脈	②	山脈
③	山脈	④	山脈
⑤	山脈	⑥	赤石　山脈

12 日本の山脈・山地②

月　日

点/40点

図の①～⑤の山地の名前を書きましょう。

（各８点）

九州　四国　中国
紀伊《きい》　関東

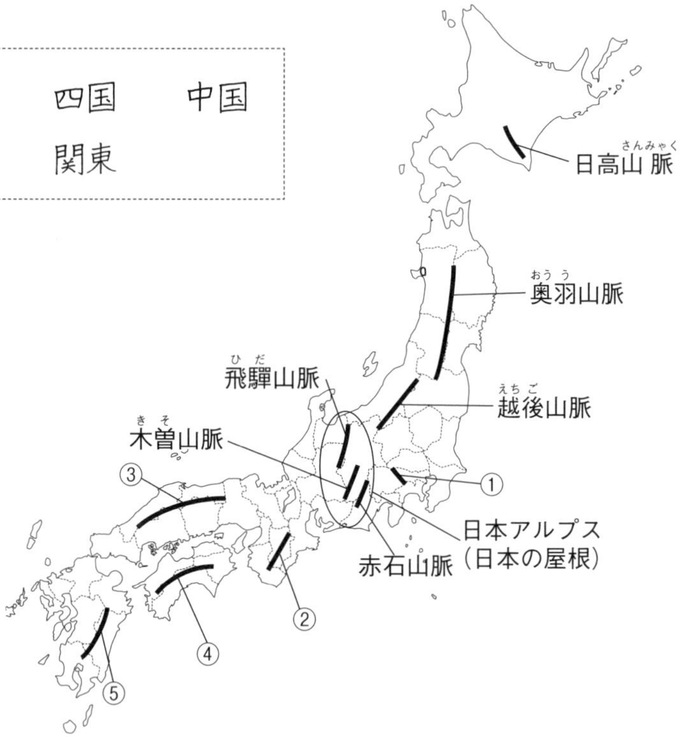

①	山地	②	山地
③	山地	④	山地
⑤	山地		

13 日本の川と平野①

月　日

点/40点

図の①～⑥の川の名前を書きましょう。　（各８点）

利根《とね》　筑後《ちくご》　最上《もがみ》
木曽《きそ》　信濃《しなの》

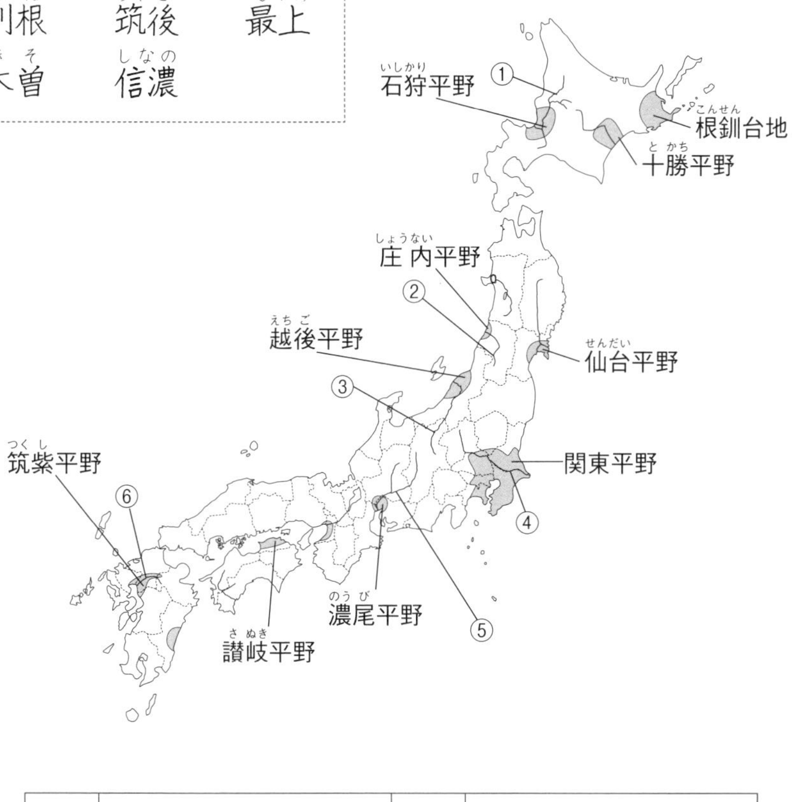

①	石狩　川	②	川
③	川	④	川
⑤	川	⑥	川

14 日本の川と平野②

月　日

点/40点

図の①〜⑧の平野・台地の名前を書きましょう。 (各5点)

庄内《しょうない》　根釧《こんせん》　濃尾《のうび》
越後《えちご》　関東　十勝
仙台《せんだい》　筑紫《つくし》

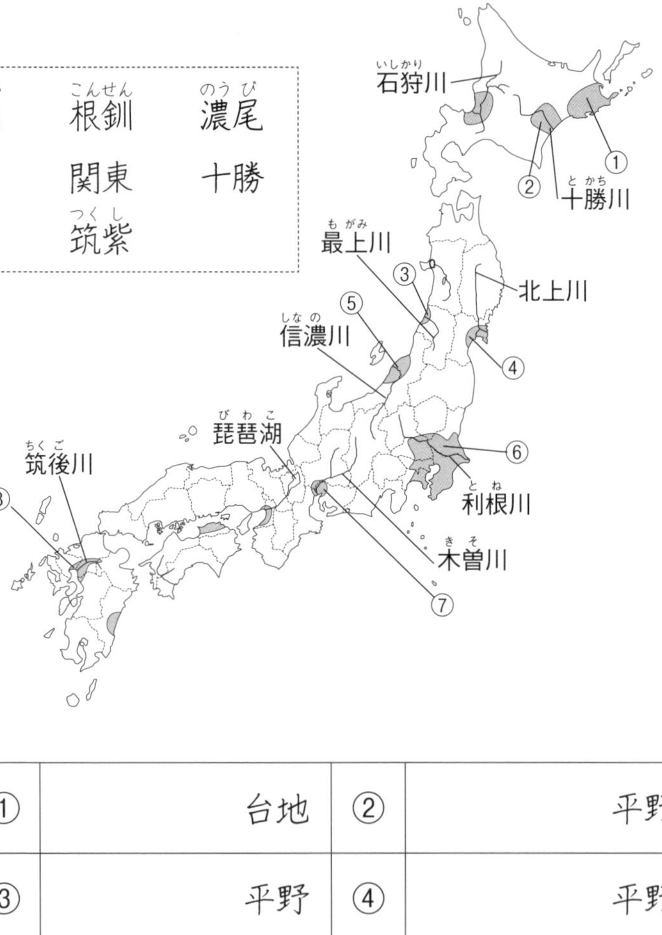

①	台地	②	平野
③	平野	④	平野
⑤	平野	⑥	平野
⑦	平野	⑧	平野

15 高い土地の人々のくらし①

月　日

点/40点

図を見て、あとの問いに答えましょう。

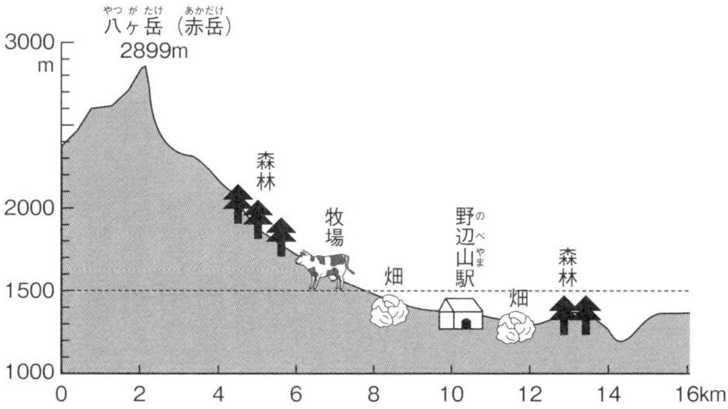

野《の》辺《べ》山原《やまはら》（長野県）と
東京の月別平均《へいきん》気温

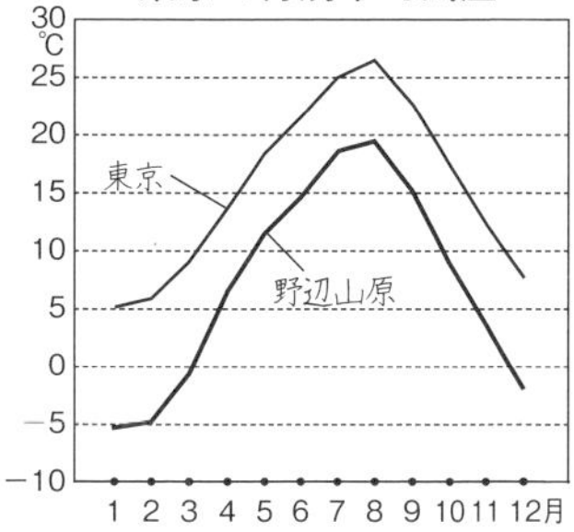

［気象庁資料］

(1)　東京と野辺山原の８月の気温は、約何度ですか。（各５点）

①　東京（　　　　）度　　②　野辺山原（　　　　）度

(2)　次の（　　）にあてはまる言葉を書きましょう。（各６点）

長野県の野辺山原は、（①　　　　）が積もってできた、（②　　　　）土地でした。夏の気温も低いため（③　　　　）には適《てき》していませんでした。そこで牧場の（④　　　　）を土にまぜて栄養豊《ゆた》かな土地に変えていきました。こうして、レタスなどの（⑤　　　　）がさかんにつくられるようになったのです。

高原野菜	火山ばい	牛のフン
米づくり	やせた	

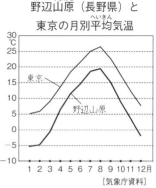

16 高い土地の人々のくらし②

月　日

点/40点

図やグラフを見て、あとの問いに答えましょう。（各８点）

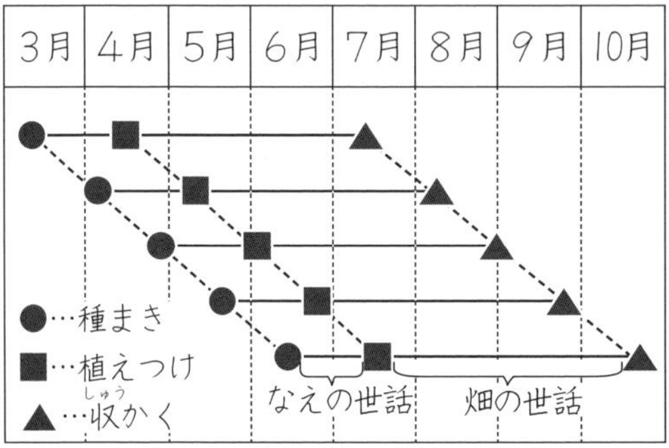

群馬県・嬬恋《つまごい》村のキャベツごよみ

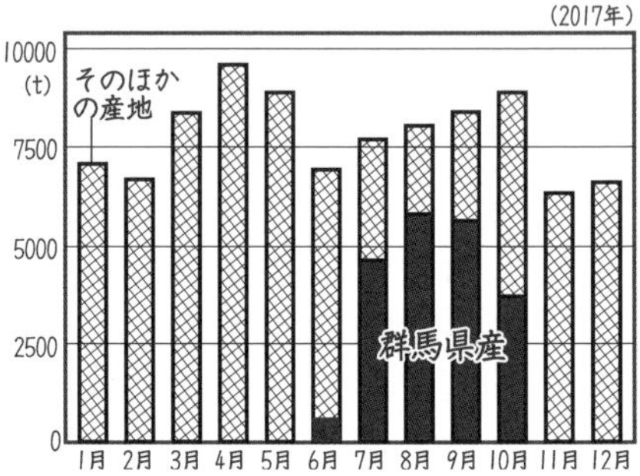

東京都の市場でのキャベツの
月別取りあつかい量

（2018年　東京都中央卸売市場資料）

(1)　収かくの時期は、何月から何月ですか。

（　　　　　）月～（　　　　　）月

(2)　(1)の時期に出荷《しゅっか》しているおもな県は、どこですか。

（　　　　　）県

(3)　なぜ、(2)の県はこの時期に出荷するのですか。

キャベツやレタスなどは、（①　　　　　）に弱い野菜なので、この時期、他県での生産は（②　　　　　）なります。そのため、この時期に出荷すると（③　　　　　）売ることができるのです。

高く	少なく	暑さ

17 低い土地の人々のくらし①

月　日

点/40点

✿ 図を見て、（　　）にあてはまる言葉を書きましょう。（各８点）

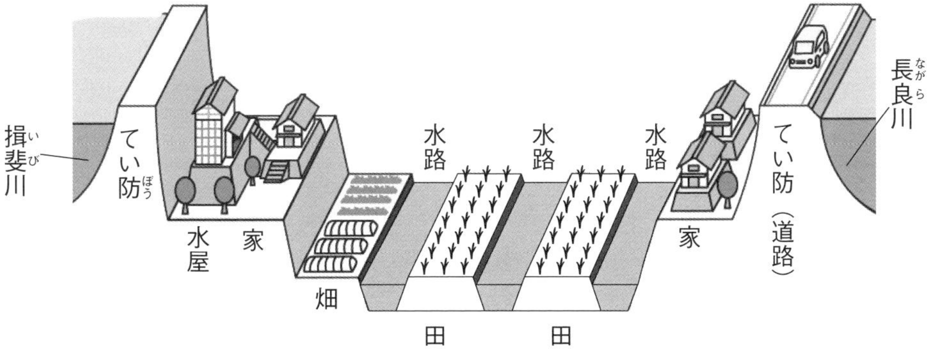

昔、この土地は川よりも（①　　　　）ため、大雨がふったりすると、家や田畑は水びたしになっていました。

700年ほど前、周りを（②　　　　）で輪のように囲《かこ》みました。ここを（③　　　　）といい、ひなん場所として、（④　　　　）を建てました。

今では、（③）の中に水がたまらないようにする（⑤　　　　）をつくったので、畑作も行われるようになりました。

てい防	はい水機場	水屋	低い	輪中《わじゅう》

18 低い土地の人々のくらし②

月　日

点/40点

この地域《ちいき》では、昔どんな農業を行っていたのでしょうか。写真を見て、(　　)にあてはまる言葉を書きましょう。 (各10点)

(ほり田)

(農業のようす)

(田舟《たぶね》)

周りが川に囲《かこ》まれているので、米づくりに必要な水は豊富《ほうふ》にありました。しかし、(①　　　　　)ができなかったので、大雨がふると田の水が深くなり、イネが(②　　　　　)しまいました。

そこで人々は、土地を高くする(③　　　　　)をして米づくりをしました。また、そのときにほったところを(④　　　　　)として利用し、田舟《たぶね》でかりとったイネなどを運んでいました。

くさって	ほり田	水路	はい水

19 日本の気候①

月　日

点/40点

❀　**図1**は季節風を表し、**図2**はⒶで切ったところを表しています。あとの問いに答えましょう。（各8点）

図1

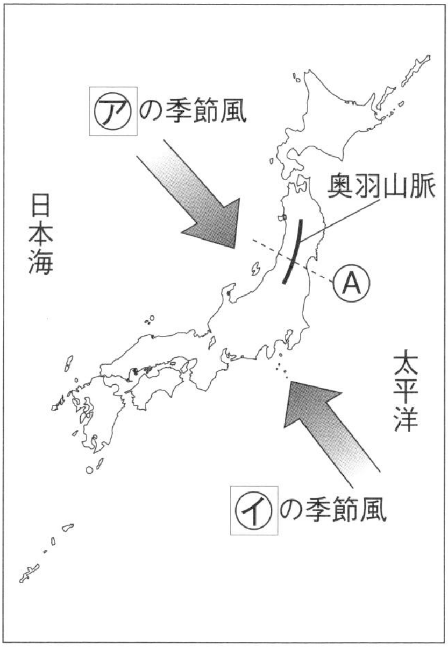

図2

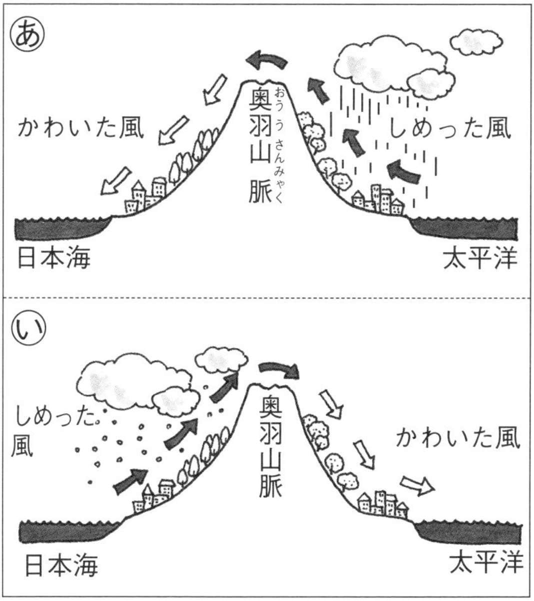

（矢印は季節風の流れを表しています）

(1)　**図1**の㋐と㋑の季節風について、夏と冬のどちらかを書き、それを説明している図を**図2**から選んで記号で答えましょう。

	季節	記号		季節	記号
㋐		（　　）	㋑		（　　）

(2)　冬に雨や雪が多いのは、日本海側と太平洋側のどちらですか。

（　　　　）

20 日本の気候②

月　日

点/40点

気候は、地形・季節風に関係しています。次の(　　)にあてはまる言葉を書きましょう。（各８点）

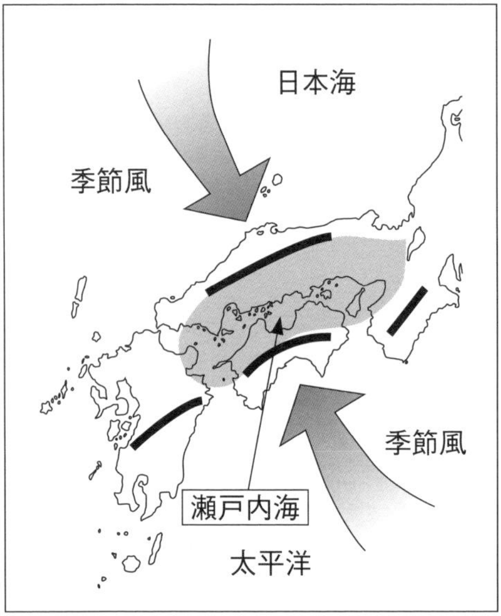

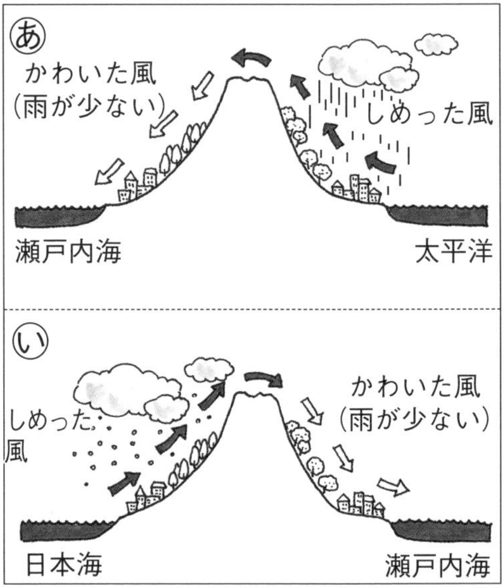

(1)　地形……瀬戸《せと》内海は、南は(Ⓐ　　　　)山地

北は(Ⓑ　　　　)山地に囲《かこ》まれている。

(2)　季節風…(①　　　　)の季節風は、(Ⓐ) 山地にあたる。

(②　　　　)の季節風は、(Ⓑ) 山地にあたる。

だから、瀬戸内海の気候は、年間を通して、雨が(③　　　　)のです。

中国	四国	冬	夏	少ない

21 日本の気候③

月　日

点/40点

図は、日本の気候区分を表しています。①～⑥の気候区分の名前を書きましょう。（各8点）

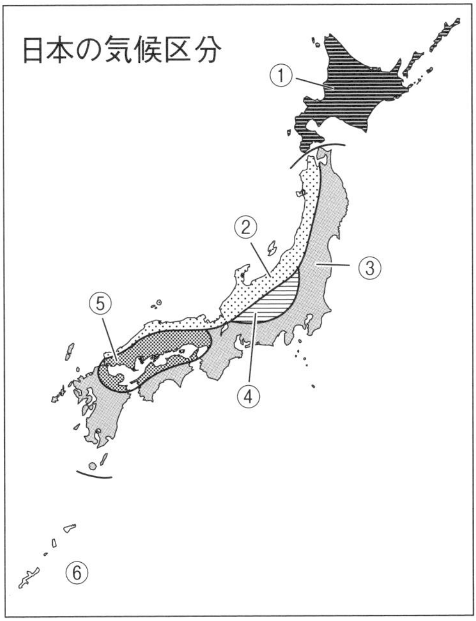

①	北海道の気候	②	の気候
③	の気候	④	の気候
⑤	の気候	⑥	の気候

太平洋側　日本海側　中央高地
南西諸島《しょとう》　瀬戸《せと》内海

22 日本の気候④

月　日

点/40点

図の①～⑥のグラフにあてはまる気候を書きましょう。

（各8点）

①

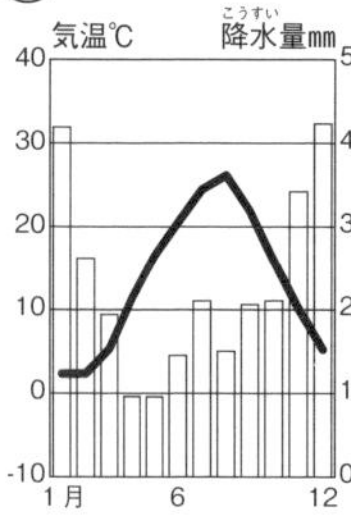

冬は雨や雪が多く寒い。

②

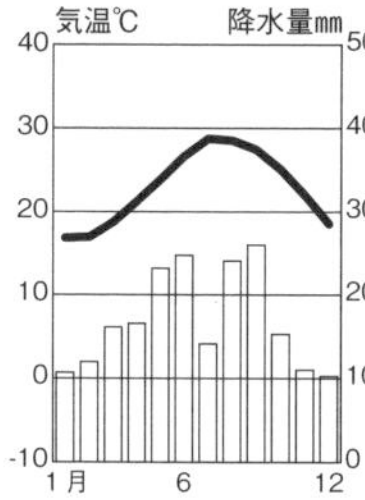

気温が高い。台風がよく来る。

③

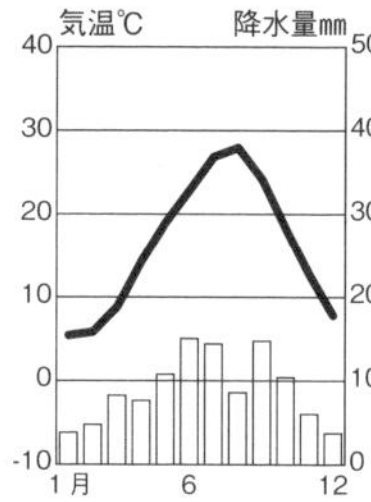

雨が少ない。晴れの日が多い。

④

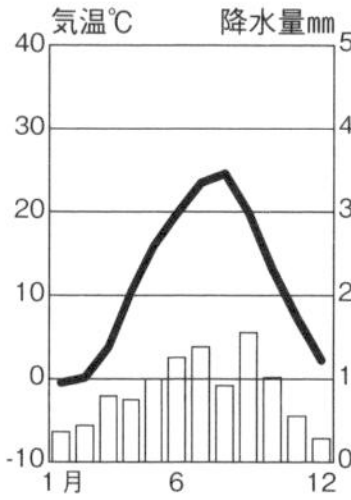

雨が少ない。夏と冬の気温の差が大きい。

⑤

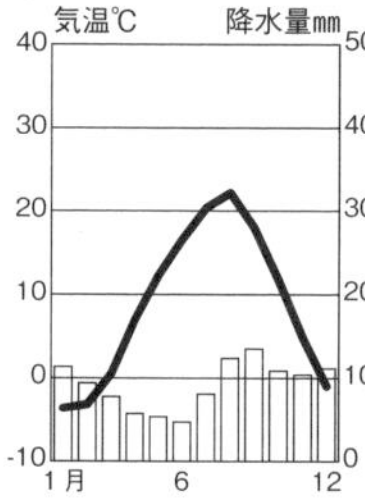

雨が少ない。冬は寒さがきびしい。

⑥

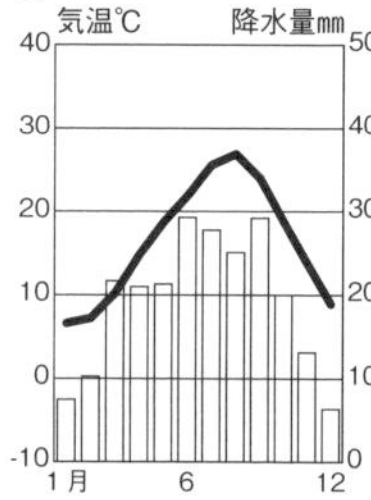

夏に雨が多い。むし暑い。

太平洋側　南西諸島《しょとう》　瀬戸《せと》内海　中央高地　日本海側

グラフ	気　候	グラフ	気　候
①	の気候	②	の気候
③	の気候	④	の気候
⑤	北海道　の気候	⑥	の気候

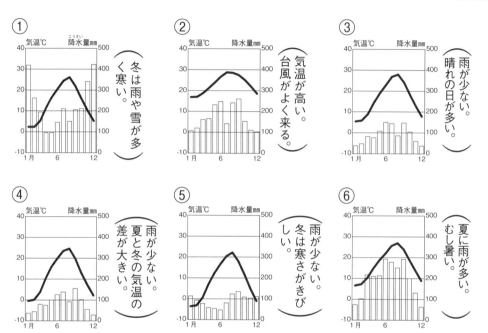

23 あたたかい地域の人々のくらし

月　日

点/40点

✿ 次の絵は、沖縄県の伝統的《でんとうてき》な家のようすを表しています。（　　）にあてはまる言葉を書きましょう。（各8点）

㋐

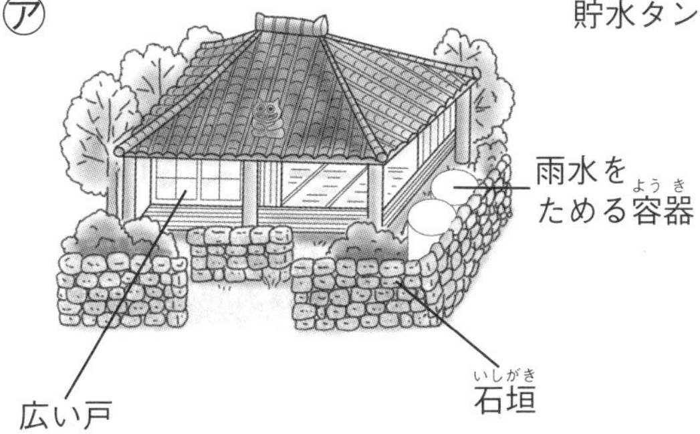

㋑

コンクリートづくりの家

(1) 沖縄県は、（①　　　　）の通り道と言われています。そこで（②　　　　）などで家を守っています。

(2) また、一年を通して、（①　　　　）や湿度《しつど》が高いので、風がよく通るように（② 広い戸 ）になっています。

(3) 沖縄県は、雨がたくさんふるのですが、すぐ海に流れてしまいます。そこで（①　　　　）に備《そな》えて、雨水をためる容器や（②　　　　）を置いています。

石垣	気温	台風	水不足	貯水タンク	広い戸

24 寒い地域の人々のくらし

月　日

点/40点

❀ 次の絵は、北海道の家のようすを表しています。(　　)にあてはまる言葉を書きましょう。　(各8点)

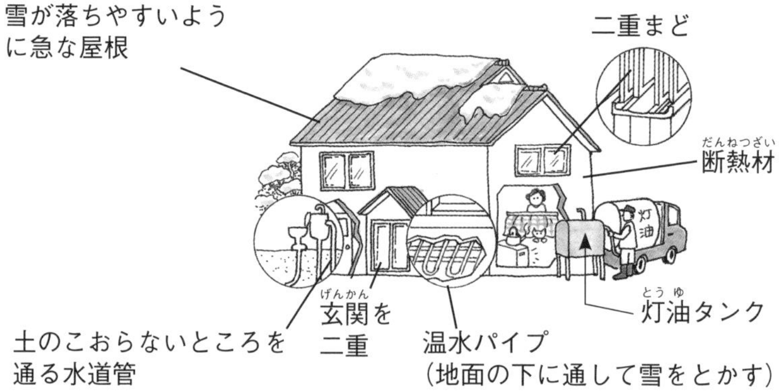

(1) 冬の寒さを防《ふせ》ぐための工夫《くふう》

・玄関やまどを(①　　　　)にする。

・かべや天じょうに(②　　　　　)を入れる。

(2) (①　　　　)で家がつぶされない工夫

・屋根のかたむきを(②　　　　)にする。

(3) 家中をあたたかくする工夫

・大量の灯油を使うので(　　　　　　)を外に置く。

25 あたたかい地域・寒い地域①

月　日
点/40点

絵やグラフを見て、あとの問いに答えましょう。（各５点）

〈家のようす〉　〈気候〉

㋐

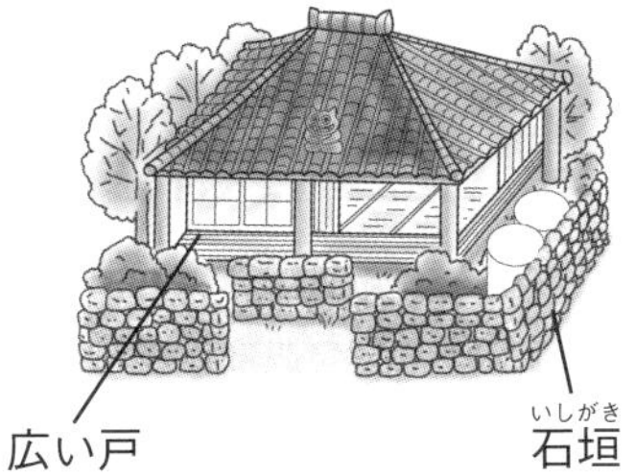

㋑

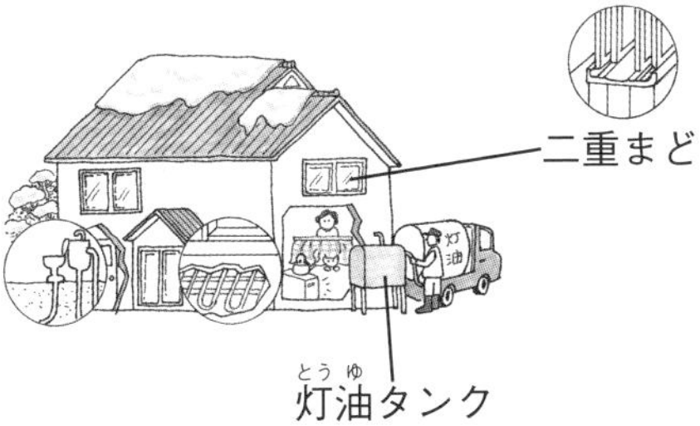

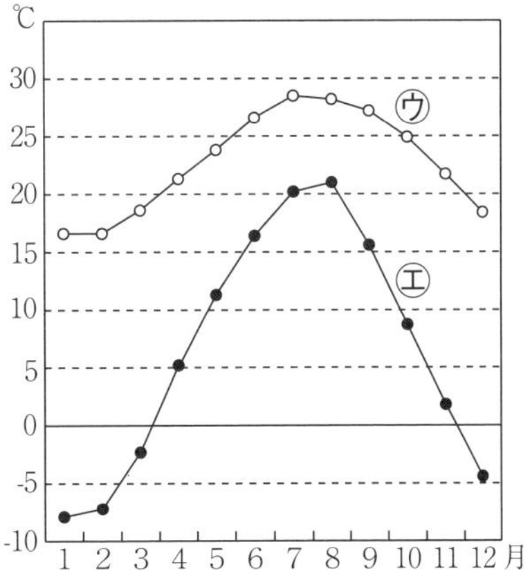

〈一年間の平均《へいきん》気温〉

(1)　沖縄県と北海道を表した絵とグラフを記号で答えましょう。

	絵	グラフ		絵	グラフ
沖縄			北海道		

(2)　㋐・㋑の絵を見て、それぞれの気候に合わせた工夫《くふう》を書きましょう。

① 沖　縄　（　　　　　　）（　　　　　　）

② 北海道　（　　　　　　）（　　　　　　）

26 あたたかい地域・寒い地域②

月　日

点/40点

✿ 「くらしごよみ」を見て、あとの問いに答えましょう。（各8点）

	1月	2月	3月	4月	5月	6月	7月	8月	9月	10月	11月	12月
沖縄県	だんぼう（特に寒い日）				冷ぼう							だんぼう
					つゆ		台風					
	 ヒカンザクラがさく  サトウキビのかり取り		 ㋐ 田植え（1回目）		衣《ころも》がえ  いれいの日		㋑  稲《いね》かり（1回目） 田植え（2回目） サトウキビの植えつけ		運動会  稲《いね》かり（2回目）		衣がえ  きくの出荷がはじまる	
北海道	だんぼう						冷ぼう（特に暑い日）			だんぼう		
	㋒ 学習 	旭川《あさひかわ》冬まつり 		野菜の収《しゅう》かく（4～10月）	サクラがさく 衣がえ 田植え	運動会 			衣がえ  稲かり		冬の準備《じゅんび》 	

(1)　㋐～㋒に入る言葉の組み合わせが正しい方に○をつけましょう。

①（　　）　㋐　スキー　㋑　海開き　㋒　エイサー

②（　　）　㋐　海開き　㋑　エイサー　㋒　スキー

(2)　沖縄県と北海道の気候を生かしてつくられている農産物を［　　］から選んで書きましょう。

①　沖縄県（　　　　　　　　）（　　　　　　　　）

②　北海道（　　　　　　　　）（　　　　　　　　）

じゃがいも　　サトウキビ　　きく　　牛乳《ぎゅうにゅう》

27 米づくりのさかんな地域①

月　日

点/40点

✿ 図を見て、あとの問いに答えましょう。（各8点）

〈都道府県別の米の生産量（2018年）〉

（単位：万 t）

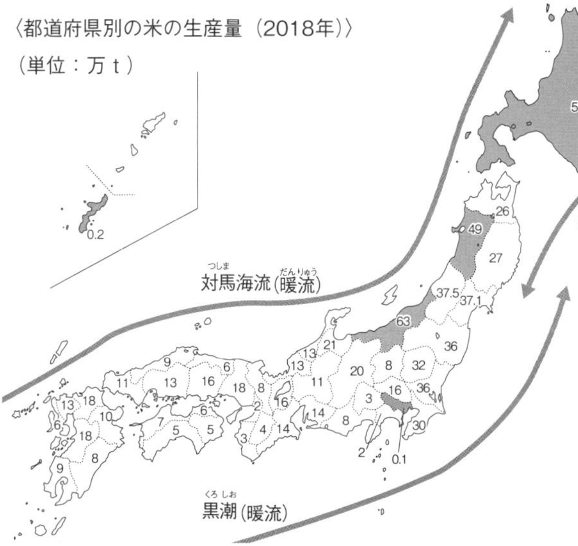

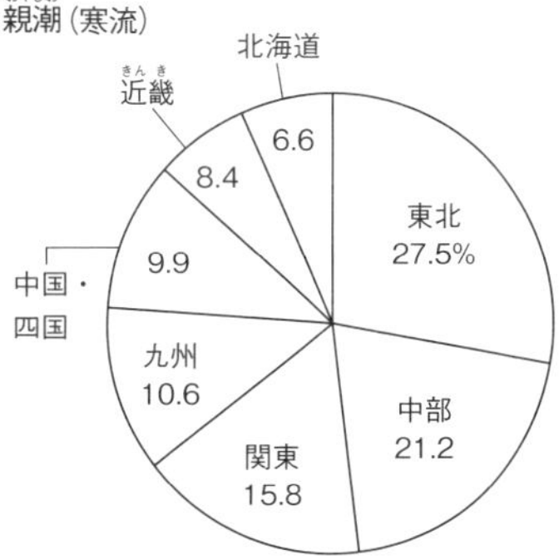

▲地方別の米の収《しゅう》かく量のわりあい（2018年）

(1) 米の生産量の多い地方は、どこですか。

（　　　　）（　　　　）地方

(2) (1)の地方で、日本海側と太平洋側ではどちらが、さかんですか。

（　　　　）

(3) (1)の地方は、日本の何と言われていますか。正しい方を○で囲《かこ》みましょう。

（ 屋根・米どころ ）

(4) 生産量が一番少ない都道府県はどこですか。

（　　　　）

28 米づくりのさかんな地域②

月　日

点/40点

❀ 地図中の①～③の番号は、米の生産量の１位から３位を表しています。（2018年　農林水産省調べ）　（各５点）

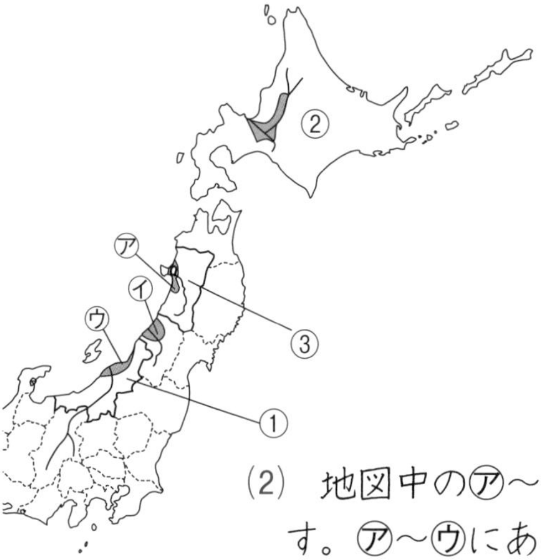

(1) 米の生産量１位から３位の都道府県名を書きましょう。

１位（　　　　　）

２位（　　　　　）

３位（　　　　　）

(2) 地図中の㋐～㋒は米づくりのさかんな平野です。㋐～㋒にあてはまる言葉を書きましょう。

㋐（　　　　　）平野　㋑（　　　　　）平野　㋒（　　　　　）平野

庄内《しょうない》　越後《えちご》　秋田

(3) 上の㋑・㋒に流れている川の名前を書きましょう。

㋐（ 雄物《おもの》川 ）　㋑（　　　　　）　㋒（　　　　　）

信濃《しなの》川　最上《もがみ》川

29 米づくりのさかんな地域③

月　日

点/40点

✿ 米づくりが東北地方と中部地方の日本海側でさかんなのは、なぜでしょうか。(　　)にあてはまる言葉を書きましょう。

(各5点)

(1) 米づくりに必要なもの…

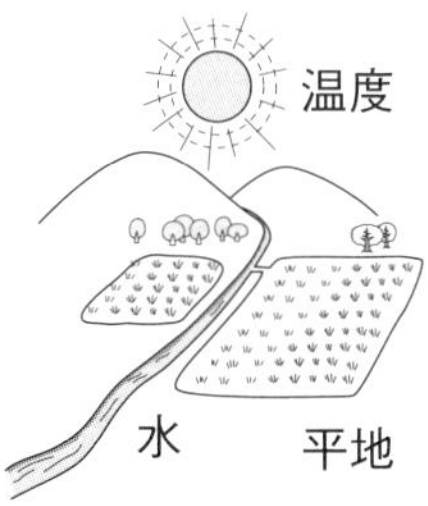

① 広い(　　　　)　② 豊富《ほうふ》な(　　　　)

③ 夏の(　　　　)と長い日照時間

高温　水　平地

(2) (1)の①と②は、この地方では図の㋐と㋑です。㋐と㋑の平野と川の名前を書きましょう。

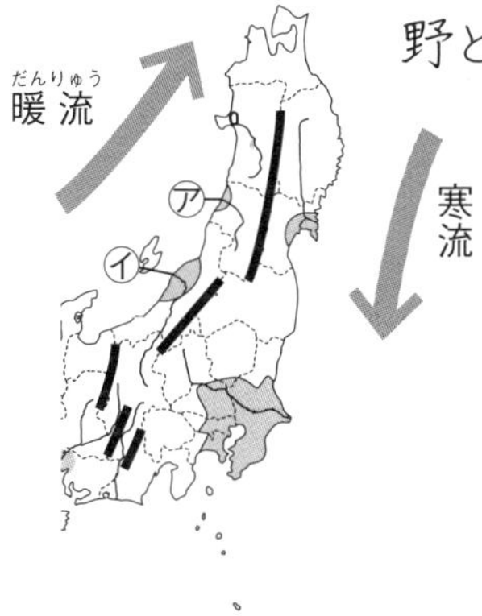

㋐ (　　　　)平野 (　　　　)川

㋑ (　　　　)平野 (　　　　)川

越後《えちご》　庄内《しょうない》　最上《もがみ》　信濃《しなの》

(3) (1)の③は、日本海側を流れる暖流と次の図に関係しています。夏の日本海側は、晴れと雨のどちらが多いですか。

夏の季節風

(　　　　)

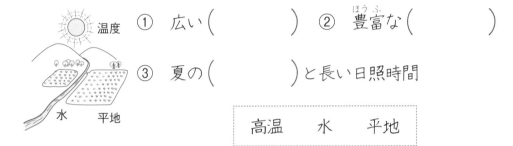

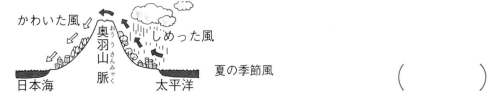

30 米づくりのさかんな地域④

月　日

点/40点

図やグラフを見て、正しいものには○を、まちがっているものには×をつけましょう。

(各8点)

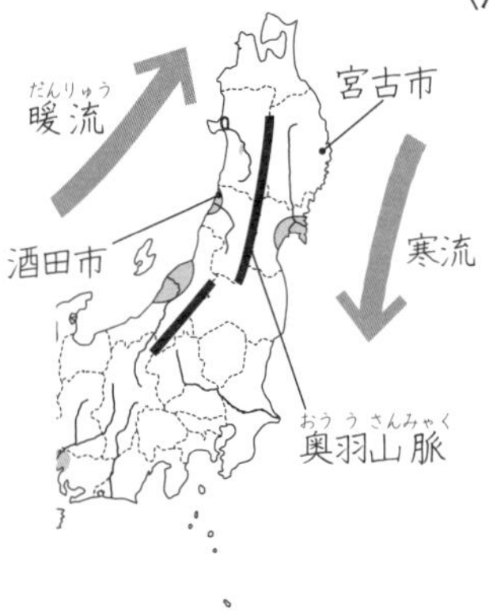

〈酒田市と宮古市の平均《へいきん》気温〉

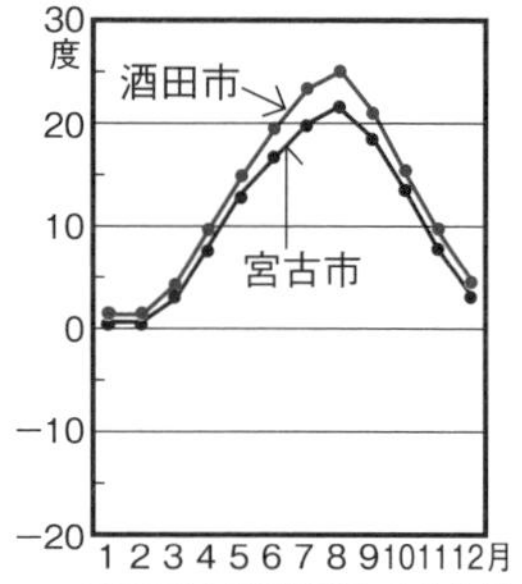

(2018年版「理科年表」より作成)

〈酒田市と宮古市の日照時間〉

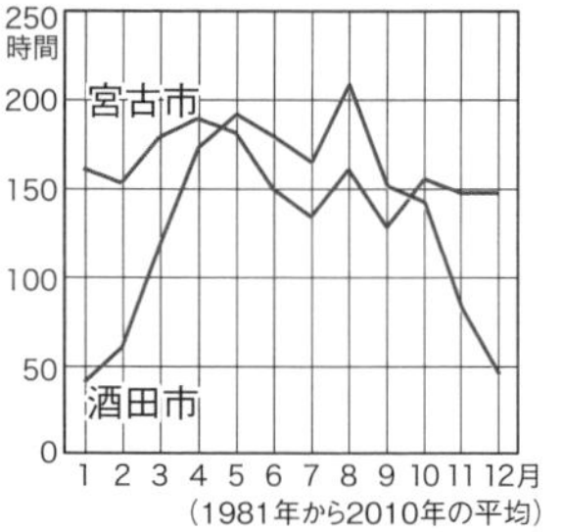

(1981年から2010年の平均)

① (　　) 夏の気温は、酒田市より宮古市の方が高い。

② (　　) 酒田市は、近くを暖流が流れている。

③ (　　) 夏の日照時間は、宮古市より酒田市の方が長い。

④ (　　) 奥羽山脈から養分を多くふくんだ水が酒田市側にたくさん流れてくる。

⑤ (　　) 宮古市の近くを暖流が流れているので冷害がおこりにくい。

31 米づくりの一年①

月　日

点/40点

❀ 図は、一年間の米づくりを表しています。 （各８点）

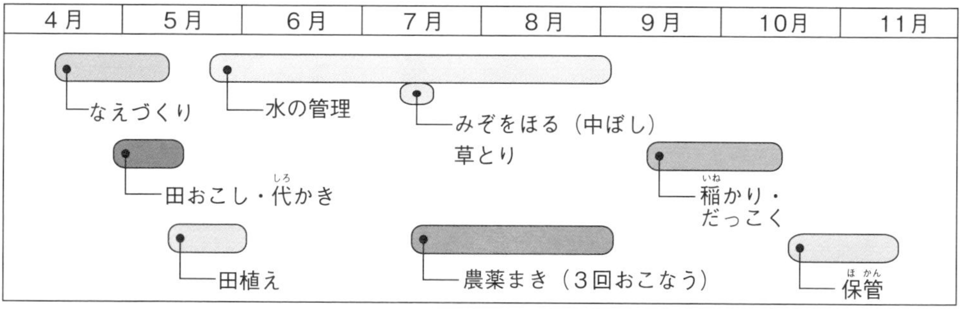

(1) 次の写真は、上の図のどの仕事を表していますか。名前を（　　）に書きましょう。

①

（　　　　　　　　）

②

（　　　　　　　　）

③

（　　　　・　　　　）

④

（　　　　　　　　）

(2) (1)の③の機械の名前を書きましょう。

③（　　　　　　　　）

コンバイン　　トラクター　　田植え機

32 米づくりの一年②

月　日

点/40点

図は、一年間の米づくりを表しています。図を見て(　　)に作業する順番を書きましょう。 (各8点)

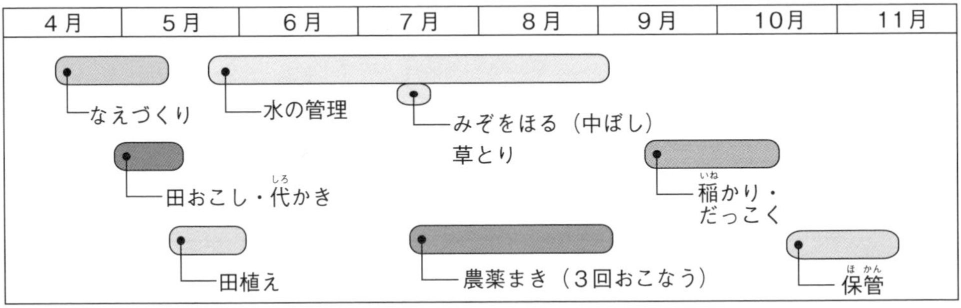

㋐

(　　)

㋑

(　　)

㋒

(　　)

㋓

(　　)

㋔

※土を平らにする。

(3)

㋕

(　　)

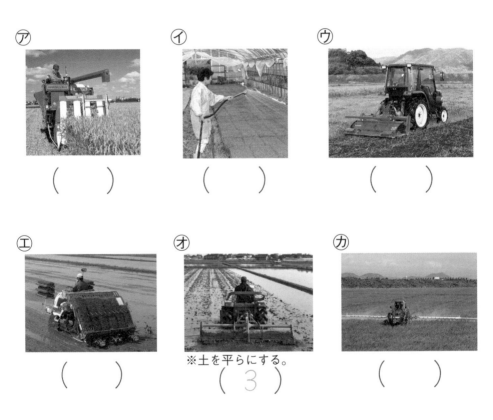

33 米づくりのくふう①

月　日

点/40点

図を見て、(　　)にあてはまる言葉を書きましょう。

(各10点)

Ⓐ

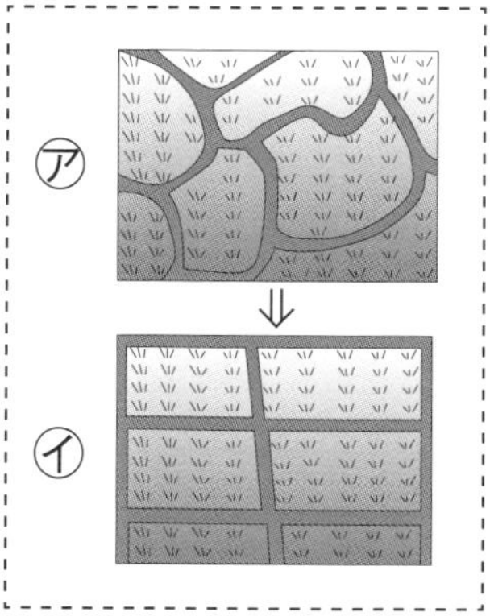

Ⓑ

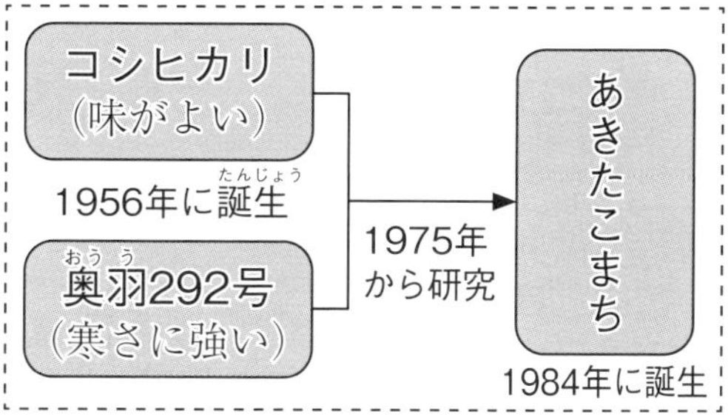

(1)　Ⓐ、Ⓑは、何を表していますか。(　　)に書きましょう。

Ⓐ(　　　　　　)　　Ⓑ(　　　　　　)

品種改良　　耕地《こうち》整理

(2)　Ⓐ、Ⓑの変化によってよくなったことを書きましょう。

Ⓐ……㋑の田にすると(　　　　　　)が使えて、作業が楽になった。

Ⓑ……それぞれの長所を生かした(　　　　　　)をつくることができるようになった。

大型《おおがた》機械　　新しい品種

34 米づくりのくふう②

月　日

点/40点

❀ 次の図は、昔と今の仕事のようすを比《くら》べたものです。あとの問いに答えましょう。（各５点）

昔	今　Ⓐ	機械のはたらき　Ⓑ
 1日30a《アール》	 (①　　　　) 1日150a	田畑を (①　　　　) 機械
 1日10a	 (②　　　　) 1日120a	(②　　　　)をする機械
 1日10a	 (③　　　　) 1日120a	(③　　　　)とだっこくをする機械

(1) 表の(　　)にあてはまる言葉を書きましょう。

Ⓐ	コンバイン　トラクター　田植え機

Ⓑ	田植え　稲《いね》かり　耕《たがや》す

(2) 機械化によって作業の効率《こうりつ》が、12倍になったものを２つ書きましょう。

(　　　　　　)(　　　　　　)

35 これからの米づくり①

月　日

点/40点

図を見て、あとの問いに答えましょう。（各5点）

〈図1〉食生活の変化

50年前
（ご飯中心）

現代《げんだい》
（パン中心）

〈図2〉米の生産量・消費量《しょうひりょう》と古米の在庫量《ざいこりょう》の変化

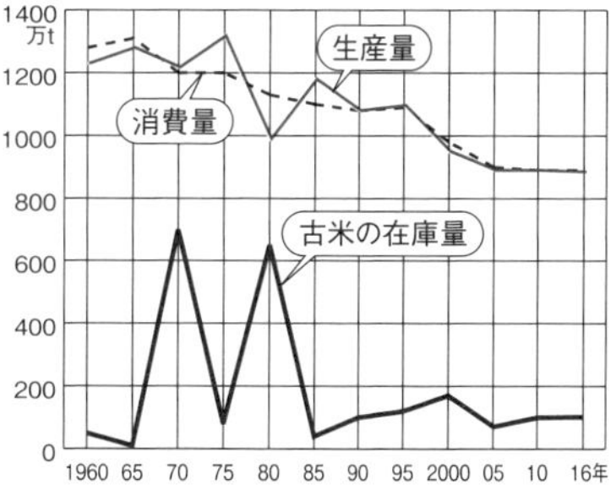

（農林水産省資料より作成）

(1) 次の文で正しいものには○を、まちがっているものには×をつけましょう。

① （　　） 最近の食生活は、パンが増《ふ》えてきた。

② （　　） 米の消費量は、50年前と変わっていない。

③ （　　） 最近では米の生産量と消費量が同じぐらい。

④ （　　） 古米の在庫量は、どんどん増えている。

(2) 次の（　　）にあてはまる言葉を書きましょう。

米の生産量を（①　　　　）ために、米以外の作物をつくる（②　　　　）などをして（③　　　　）を行っています。しかし、最近では外国から（④　　　　）米が輸入《ゆにゅう》されるなど、なかなか問題は解決《かいけつ》されていません。

生産調整　安い　転作　減《へ》らす

36 これからの米づくり②

月　日

点/40点

図を見て、□や(　　)にあてはまる言葉を□から選んで書きましょう。(各5点)

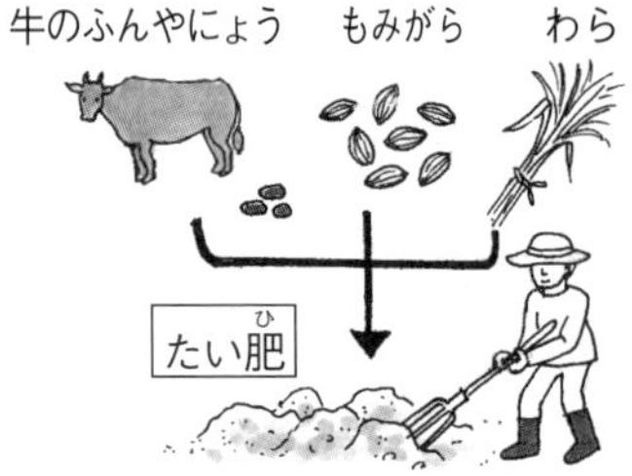

(1) Ⓐ□の利用

(Ⓐ)を田んぼを耕《たがや》す前にまぜこむ。稲《いね》の(①　　　)になるので、健康でじょうぶに育つ。

(2) Ⓑ□農法

水田の(②　　　)を食べてくれるので、(③　　　)を使わなくてすむ。そのふんは肥料にもなる。

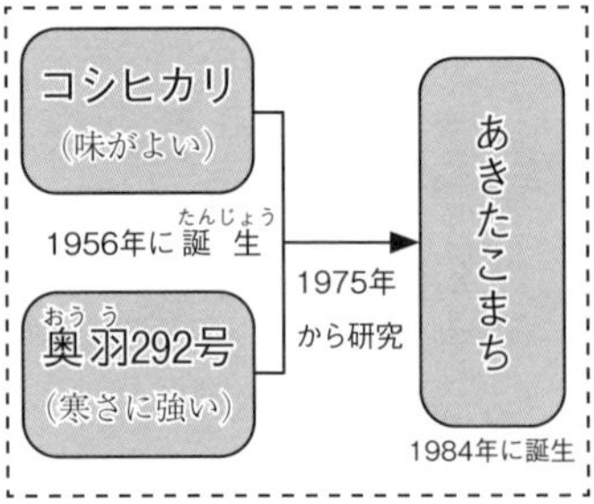

(3) Ⓒ□

消費《しょうひ》者には(④　　　)品種で、農家の人には(⑤　　　)品種の米をつくり出す。

Ⓐ〜Ⓒ

品種改良　アイガモ　たい肥

①〜⑤

農薬　雑草《ざっそう》　栄養分　育てやすい　おいしい

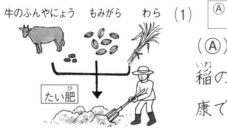

37 野菜づくり①

月　日

点/40点

✿ 野菜づくりについて、あとの問いに答えましょう。 (各5点)

(1) 次の言葉について、説明している文を線で結びましょう。

① 近郊《きんこう》農業　・　　　　・㋐ 夏でもすずしい気候を生かした野菜づくり。

② 高原野菜づくり　・　　　　・㋑ 大都市向けの野菜づくり。

③ 早づくりさいばい・　　　　・㋒ 冬でもあたたかい気候を生かした野菜の早づくり。
(ビニールハウス)

(2) ①～③に合う県を㋐～㋕から選んで記号で答えましょう。

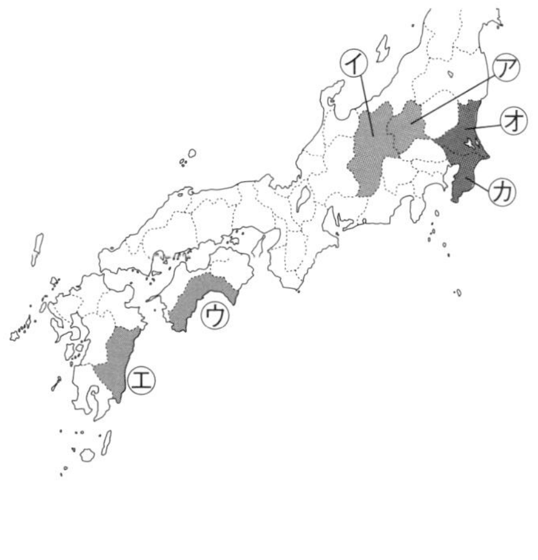

① 近郊農業

(　㋔　)・(　　　)

② 高原野菜づくり

(　　　)・(　　　)

③ 早づくりさいばい

(　　　)・(　　　)

38 野菜づくり②

月　日

点/40点

✿ 地図を見て、㋐～㋕の県名と、そこでの野菜づくりと作物を書きましょう。

（各４点）

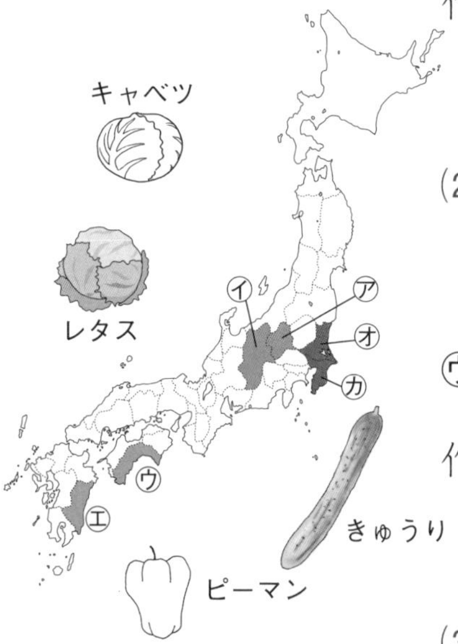

⑴ 夏でもすずしい気候

［　　　　　　］づくり

㋐（ 群馬 ）県　㋑（　　　　）県

作物（　　　　　）（　　　　　）

⑵ 冬でもあたたかい気候

［　　　　　　］さいばい

㋒（　　　　）県　㋓（　　　　）県

作物（　　　　　）（ きゅうり ）

⑶ 大都市に近い

［　　　　　　］農業

㋔（　　　　）県　㋕（ 千葉 ）県

作物（ 多種多様 ）

近郊《きんこう》　早づくり

高原野菜

39 くだものづくり①

月　日

点/40点

図は、くだものづくりがさかんな都道府県を表しています。

（各４点）

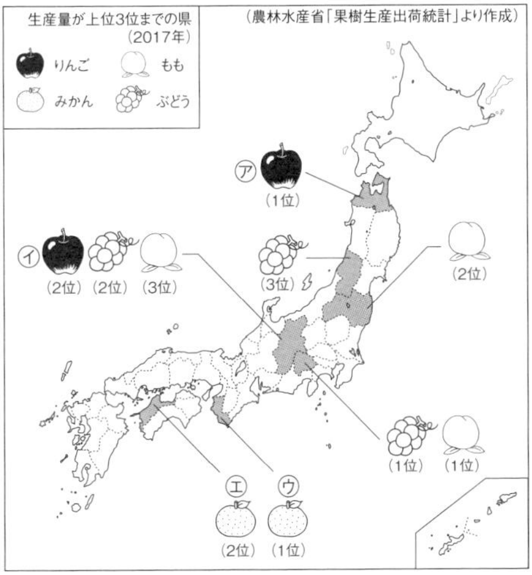

(1)　㋐～㋓にあてはまる都道府県名を書きましょう。

りんごの生産量

（㋐　　　　）（㋑　　　　）

みかんの生産量

（㋒　　　　）（㋓　　　　）

(2)　ももとぶどうのどちらも、さいばいがさかんな県を書きましょう。

（　　　　）（　　　　）

(3)　次の（　　）にあてはまる言葉を［　　］から選んで書きましょう。

りんごは（①　　　　）地域《ちいき》で、みかんは（②　　　　）地域でつくられています。

ももやぶどうは、昼と（③　　　　）の温度差が（④　　　　）地域でつくられています。

夜　　あたたかい　　すずしい　　大きい

40 くだものづくり②

月　日

点/40点

図の㋐～㋔の県名を書き、そこでは、どのような気候を生かして、どんなくだものがつくられているかを書きましょう。

（各４点）

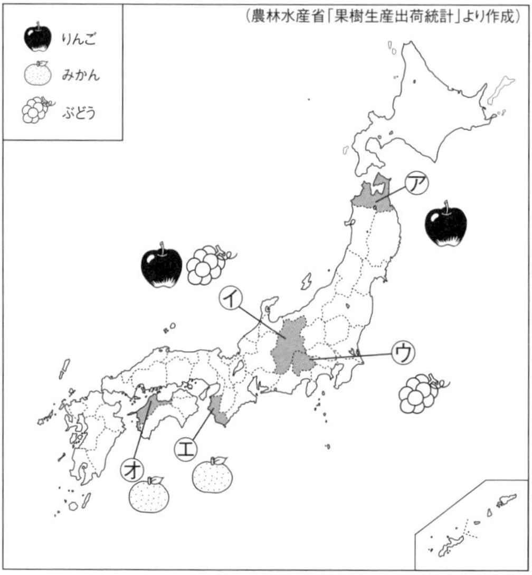

(1)

［　　　　］気候

㋐（　　　　）県

㋑（　　　　）県

くだもの

（　　　　）

(2)

［　　　　］気候

㋓（　　　　）県

㋔（　愛媛　）県

くだもの

（　　　　）

(3)

［昼夜の温度差］が大きい

㋒（　　　　）県

㋑（　　　　）県

くだもの

（　　　　）

41 畜産のさかんな地域①

月　日

点/40点

図は、乳牛《にゅうぎゅう》、肉牛、ぶたの飼育《しいく》がさかんな地域《ちいき》を表しています。それぞれの都道府県名を書きましょう。（各8点）

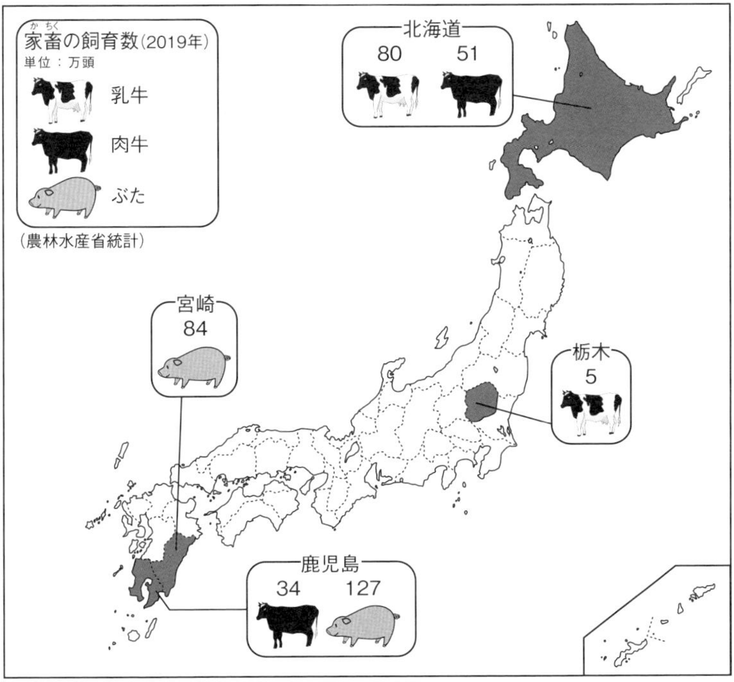

	第1位	第2位
乳牛		
肉牛	北海道	
ぶた		

42 畜産のさかんな地域②

月　日

点/40点

畜産《ちくさん》は、なぜ北海道や九州地方でさかんなのでしょうか。
(　　)にあてはまる言葉を書きましょう。 (各8点)

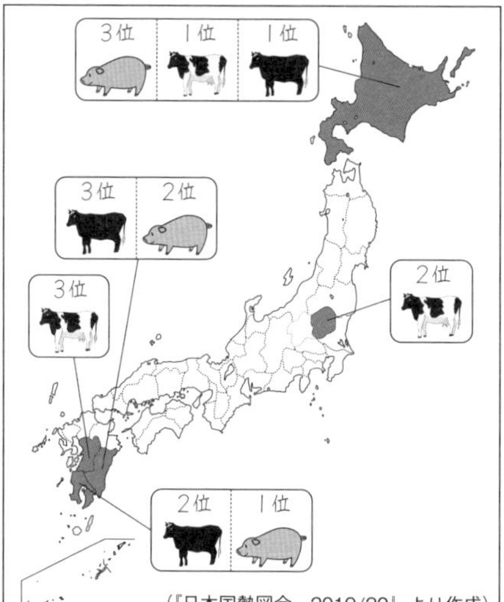

(『日本国勢図会　2019/20』より作成)

(1) 肉牛を育てるには、(①　　　　)牧草地が必要で、乳牛《にゅうぎゅう》は夏でも(②　　　　)気候のところが適《てき》しています。

(2) 北海道や九州で(1)にあたるところは、どこですか。

① 北海道
(　　　　)台地

② 九州
(シラス)台地

シラス台地
火山灰が積もった台地なので、水はけが良すぎて、米をつくるのがむずかしい

(3) (2)の②で作られる作物　(　　　　)

(4) (3)は、何のえさにもなりますか。(　　　　)

ぶた　すずしい　根釧《こんせん》　広い　サツマイモ

43 漁業のさかんな地域①

月　日

点/40点

❀ 図は、日本近海の海流のようすを表しています。あとの問いに答えましょう。（各5点）

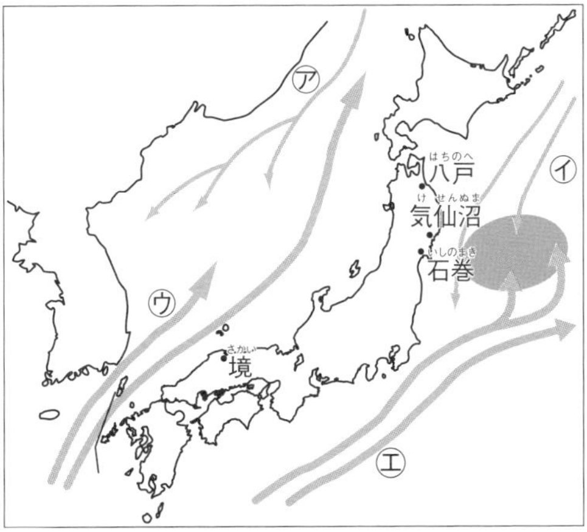

(1) ㋐～㋓は寒流と暖流《だんりゅう》のどちらですか。記号で答えましょう。

① 寒流（　　　　）・（　　　　）

② 暖流（　　　　）・（　　　　）

(2) ㋐～㋓の海流の名前を書きましょう。

㋐（　　　　　　　）　㋑（　　　　　　　）

㋒（　　　　　　　）　㋓（　　　　　　　）

黒潮《くろしお》　リマン海流

親潮《おやしお》　対馬《つしま》海流

あたたかい海から流れてくる暖流
冷たい海から流れてくる寒流

44 漁業のさかんな地域②

月　日

点/40点

日本のまわりの海には、下の図のようなところが広がっています。図を見て、（　　）にあてはまる言葉を書きましょう。

（各８点）

〈図１〉

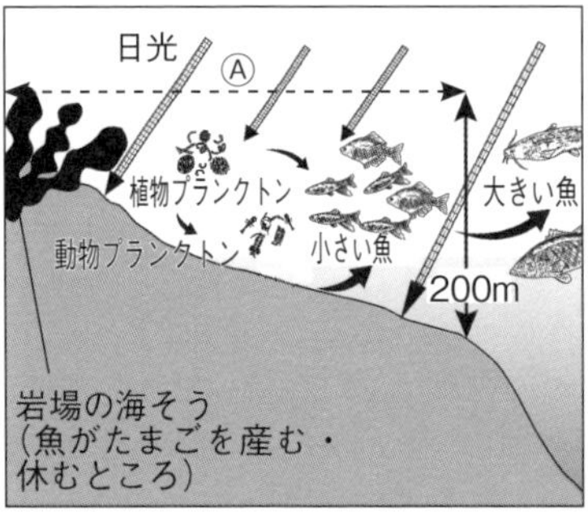

(1)　Ⓐのはん囲《い》の海底を何といいますか。（①　　　　）

小魚のえさとなる小さな生物は何ですか。（②　　　　）

プランクトン　　大陸だな

〈図２〉

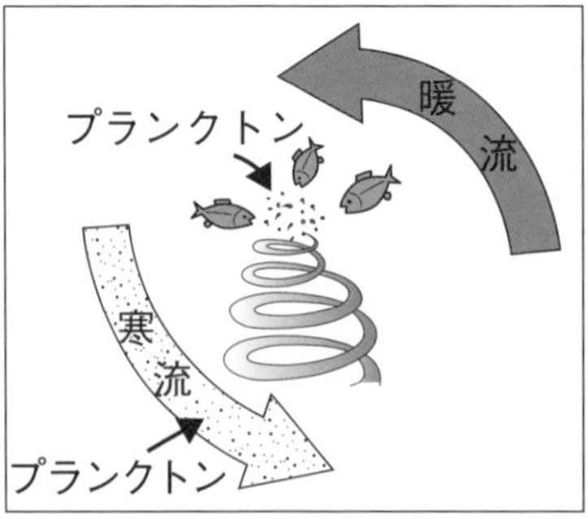

(2)　図２は、北からの（①寒流）と南からの（②暖流）がぶつかるところを表していて、（③　　　）といいます。そこには、小魚のえさとなる（④　　　　）が多くいて、暖《だん》流《りゅう》と寒流の両方の魚がとれます。だから、（⑤　　　　）となるのです。

良い漁場　プランクトン　潮目《しおめ》

45 漁業のさかんな地域③

月　日

点/40点

図を見て、あとの問いに答えましょう。 （各５点）

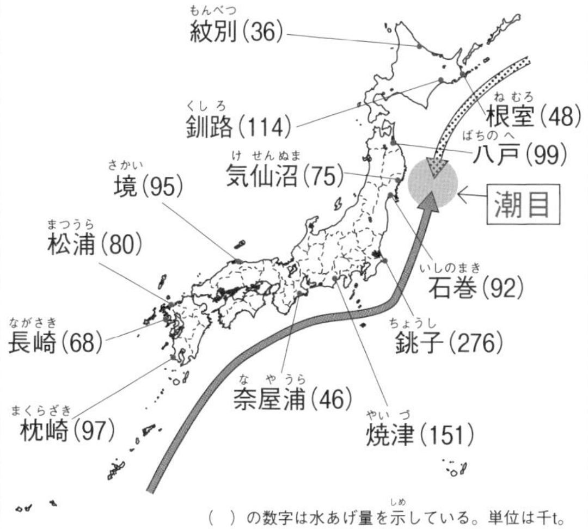

（　）の数字は水あげ量を示《しめ》している。単位は千t。
（『日本国勢図会 2019/20』より作成）

(1)　水あげ量の多い漁港を順に２つ書きましょう。

①　１位（　　　　　）

②　２位（　　　　　）

(2)　水あげ量の多い漁港は、太平洋側と日本海側のどちらに多いですか。

（　　　　　）

(3)　(2)の理由として、（　　）にあてはまる言葉を書きましょう。

北からの（①　　　　）と、南からの（②　　　　）とが、ぶつかる（③　　　　）があるところは、（④　　　　）が多く、魚の種類も豊富《ほうふ》なため良い漁場となっています。

また（⑤　　　　）の港は、遠くの海に行くのにも便利だからです。

黒潮《くろしお》	太平洋側	潮目《しおめ》	親潮《おやしお》	プランクトン

46 漁業のさかんな地域④

月　日

点/40点

❀ 九州地方や日本海側にも水あげ量の多い漁港があります。あとの問いに答えましょう。(各5点)

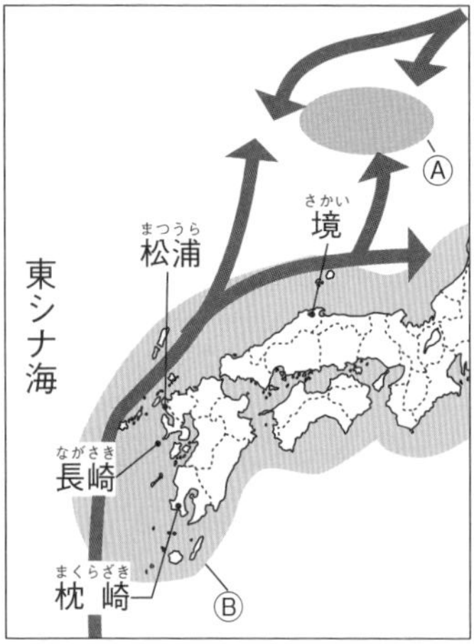

(1) 図のⒶ、Ⓑは、それぞれ大陸だなか潮目《しおめ》について表しています。(　　)に書きましょう。

Ⓐ (　　　　　　　　)

Ⓑ (　　　　　　　　)

(2) (　　)にあてはまる言葉を書きましょう。

九州地方には(①　　　　)漁港などのように水あげ量の多い漁港があります。この地方の近くにある(②　　　　)には広大な(③　　　　)が広がっています。そこには(④　　　　)が多いので、たくさんの魚が集まってきます。

また、日本海側の(⑤　　　　)漁港は、近くに(⑥　　　　)もあるので、水あげ量が多いのです。

大陸だな	プランクトン	境
潮目	東シナ海	長崎

47 とる漁業から育てる漁業①

月　日

点/40点

✿ 絵を見て、あとの問いに答えましょう。 （各４点）

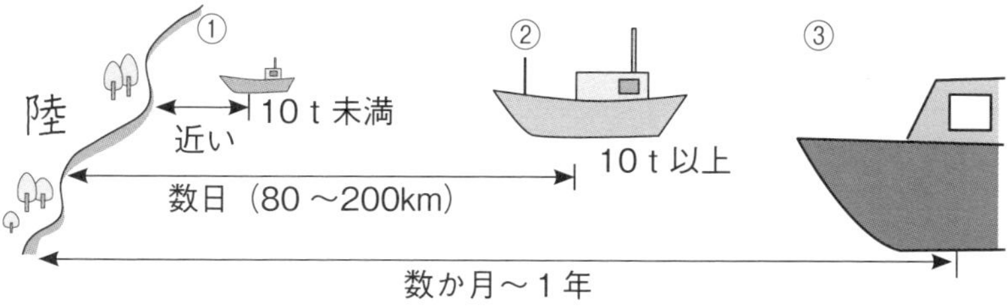

④ たまごをかえす → 稚魚《ちぎょ》を育てる → 放流 → とる

⑤

（いけすの中で育てて出荷する）

(1) ①～⑤のそれぞれの漁業の名前を書きましょう。

①	漁業	②	漁業	③	漁業
④	漁業	⑤	業		

遠洋　養しょく　沿岸《えんがん》　さいばい　沖合《おきあい》

(2) ①～⑤を、とる漁業とつくり・育てる漁業に分けて、番号で答えましょう。

㋐ とる漁業 （　　）（　　）（　　）

㋑ つくり・育てる漁業 （　　）（　　）

48 とる漁業から育てる漁業②

月　日

点/40点

グラフを見て、（　　）にあてはまる言葉を書きましょう。

（各８点）

〈漁業別の漁かく量の変化〉

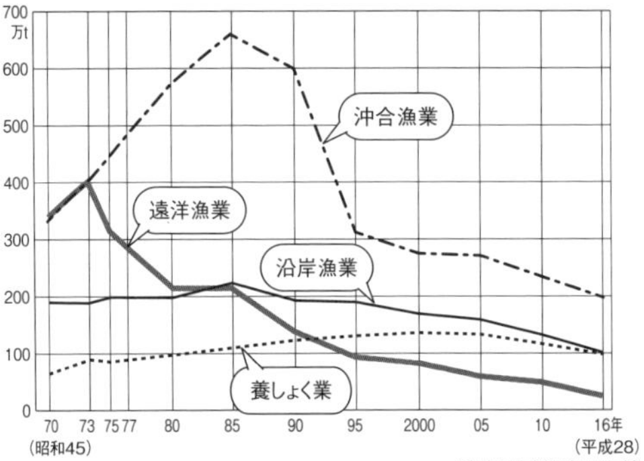

（農林水産省資料より作成）

〈水産物の輸《ゆ》入《にゅう》額《がく》のうつり変わり〉

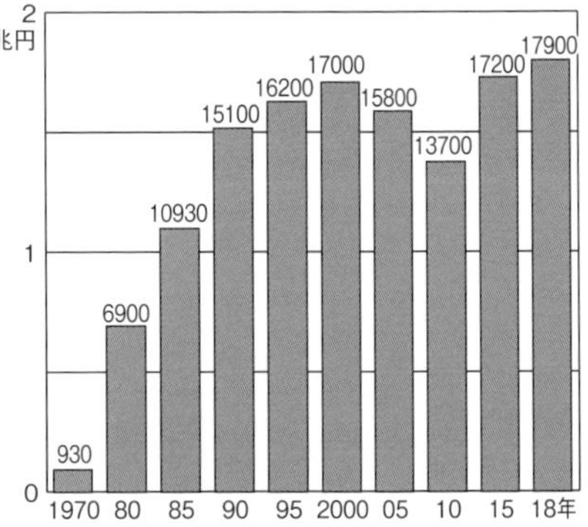

（2019年　財務省調べ）

1990年から漁かく量が大きく減《へ》っているのは（①　　　　）漁業です。これは、魚が少なくなってきたことや、外国から魚を安く輸入することが（②　　　　）からです。1990年からは、輸入額が約（③　　　　）円ほどになっています。

また、1970年代の中ごろから漁かく量が大きく減ってきたのは、（④　　　　）漁業です。それは、沿岸《えんがん》から（⑤　　　　）のはん囲《い》の海では、外国の船は自由に魚がとれなくなったことが関係しています。

遠洋　　沖合《おきあい》　　200海里　　1.5兆　　増《ふ》えた

49 これからの漁業①

月　日

点/40点

次のグラフは、おもな水産物の輸《ゆ》入《にゅう》量の変化を表しています。あとの問いに答えましょう。 （各8点）

〈おもな水産物の輸入量の変化〉

（「農林水産統計」2012年発行）

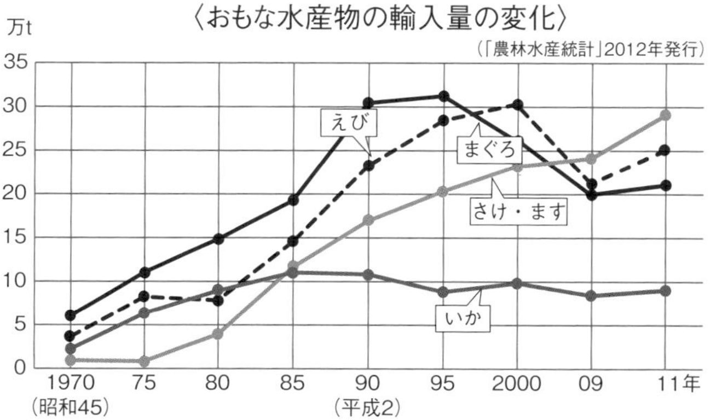

(1) 2011年で輸入量の多いものから3つ書きましょう。

①（　　・　　）②（　　　　）③（　　　　）

(2) 日本の水産物の輸入量が大きく増《ふ》えたのは、日本の漁かく量が減《へ》ったのと、外国の魚が安く手に入るようになったことが原《げん》因《いん》です。日本の漁かく量が減ってきた理由として、正しいもの2つに○をつけましょう。

①（　　）　漁場のかん境《きょう》が良くなりすぎたため。

②（　　）　魚をとりすぎて資源《しげん》そのものが少なくなったため。

③（　　）　日本人の魚の消費《しょうひ》量が減ったため。

④（　　）　200海里水域《すいいき》によって、漁場が制限《せいげん》されるようになったため。

50 これからの漁業②

月　日

点/40点

絵を見て(　　)にあてはまる言葉を書きましょう。 (各5点)

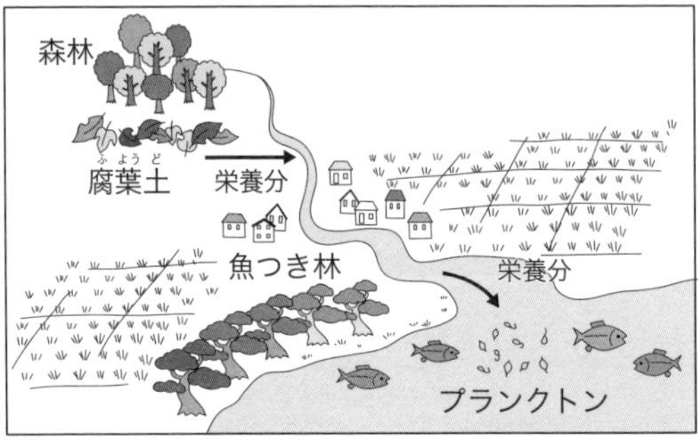

(1) 宮城県の(①　　　)たちが、1989年、(②　　　)に木を植えました。

その時、山に大漁旗がはためきました。

(①)たちは、魚や貝のえさになる(③　　　　)は、森林につもった(④　　　)の栄養分が川によって運ばれることで育つと考えたのです。

山　漁師《りょうし》　プランクトン　ふ葉土《ようど》

(2) (①　　　　)の3つのはたらきによって、魚の生育に良いかん境《きょう》をつくり出します。

- 海面に(②　　　　)をつくる。
- (③　　　)が海に流出しない。
- (④　　　)を弱める。

土砂《どしゃ》　風　木《こ》かげ　魚《うお》つき林《りん》(魚を育てる林)

51 これからの食料生産①

月　日

点/40点

❀ 天ぷらうどんから、今の食生活を考えます。あとの問いに答えましょう。（各4点）

(1) （　　）にあてはまる言葉を書きましょう。

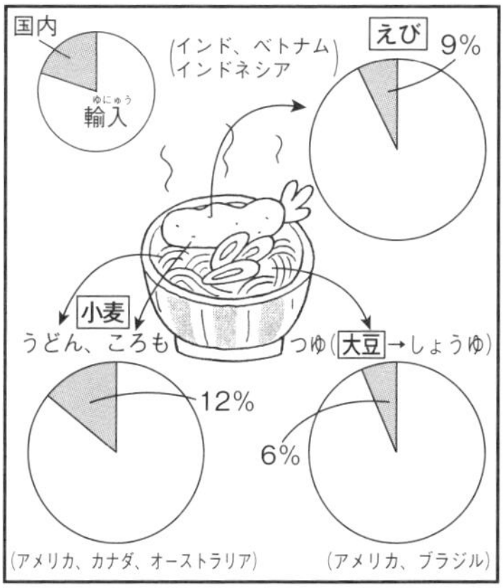

天ぷらうどんから見る食料自給率

わたしたちが食べる食料のうち、国内で（①　　　　）された食料のわりあいを（②　　　　　　）といいます。

天ぷらうどんを食べようとすると、ほとんどのものが（③　　　　）のものになります。

生産　　食料自給率《じきゅうりつ》　　外国産

(2) 図を見て、次の表を完成させましょう。

	原 料	自給率(%)	輸入相手国
つ　ゆ			（　　　　）・ブラジル
うどん		12	アメリカ・カナダ・（　　　　　　）
天ぷら	えび		（　　　　）・ベトナム・インドネシア

52 これからの食料生産②

月　日

点/40点

❀ グラフを見て、(　　)にあてはまる言葉を書きましょう。

（各５点）

日本の主な食料の自給率

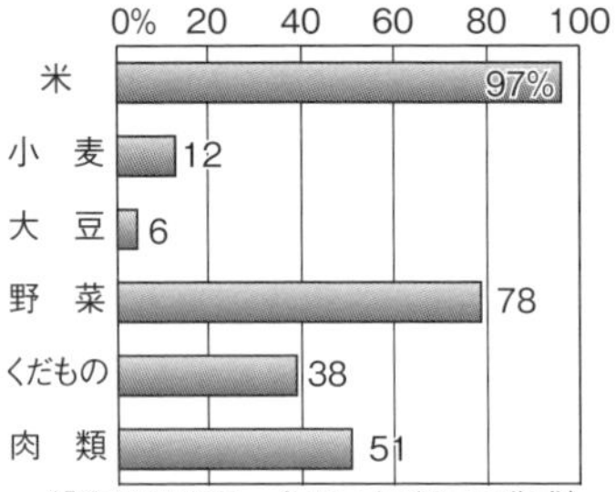

（『食料需給表　令和元年度』より作成）

(1) 日本で一番自《じ》給《きゅう》率《りつ》が高いのは(①　　　　)で、反対に低いのは小麦と(②　　　　)です。自給率が低いものは、そのほとんどを輸《ゆ》入《にゅう》にたよっています。その理由は、外国産の方が(③　　　　)、種類も多いということが考えられます。しかし、外国で食料が不足したときに日本へ(④　　　　)されないこともあります。

輸入　　安く　　大豆　　米

(2) これからの日本は、輸入ばかりにたよるのではなく、国内の(①　　　　)を増《ふ》やし、自給率を(②　　　　)していく努力が必要です。

そのために、(③　　　　)などを使って、農薬の使う量をできるだけ少なくして、安全でおいしい食料をつくったり、(④　　　　)といって、地元の作物を食べることも進めていかなくてはなりません。

高く　　地《ち》産《さん》地《ち》消《しょう》　　有《ゆう》機《き》肥《ひ》料《りょう》　　生産量

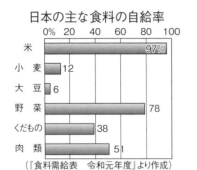

53 これからの食料生産③

月　日

点/40点

✿ グラフを見て、あとの問いに答えましょう。（各５点）

図1〈国産と外国産の食料のねだん〉

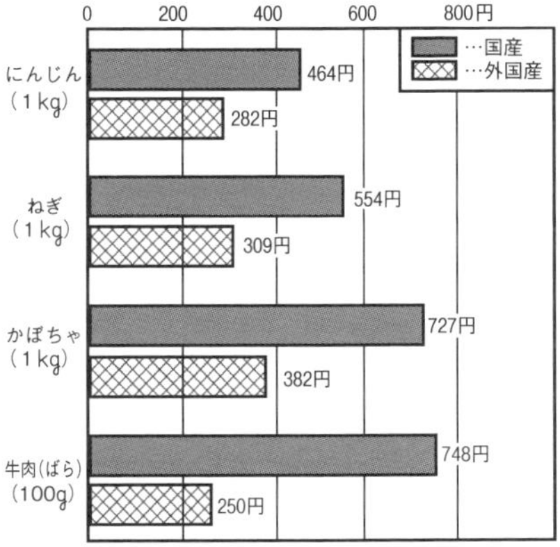

（2016年　農林水産省資料ほかより作成）

図2〈食料品別の輸入《ゆにゅう》量の変化〉

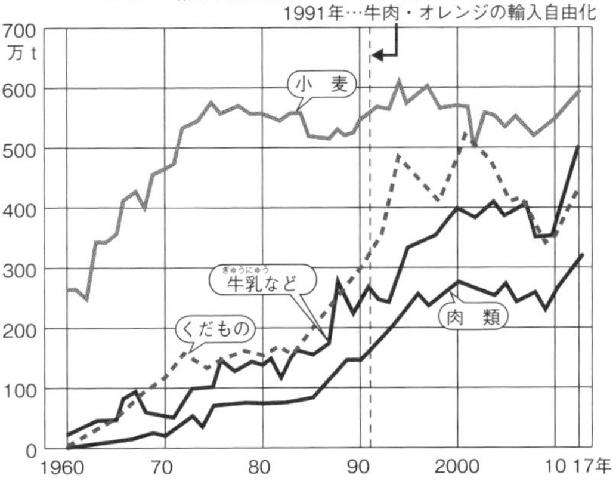

（『食料需給表　平成29年度』より作成）

(1)　**図１**より、外国産と日本産のねだんが大きくちがうものは、何で、何倍ぐらいちがいますか。

（　　　　　）約（　　　　　）倍

(2)　**図２**より、1985年ごろから輸入《ゆにゅう》量が大きく増《ふ》えたものは何ですか。（　　　　　）（　　　　　）（　　　　　）

(3)　次の（　　）にあてはまる言葉を書きましょう。

外国産は、日本産より（①　　　　）ので、（②　　　　）輸入しています。しかし、（③　　　　）面では心配もあります。

多く　　安全　　安い

54 これからの食料生産④

月　日

点/40点

✿ グラフを見て、あとの問いに答えましょう。

〈主な国の食料自給率〉

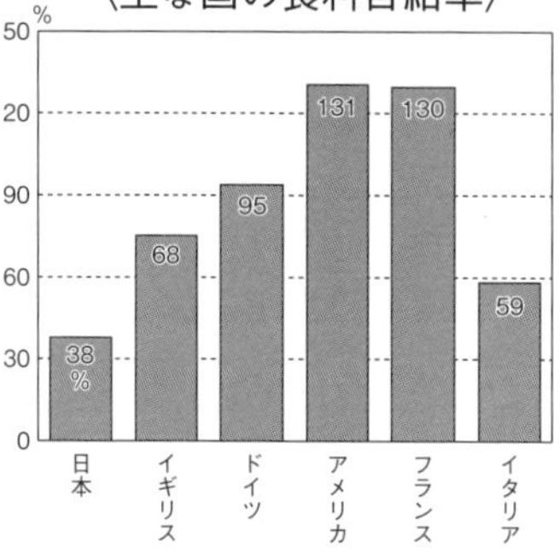

(『食料需給表　令和元年度』より作成)

〈日本の食料自給率の移《うつ》り変わり〉

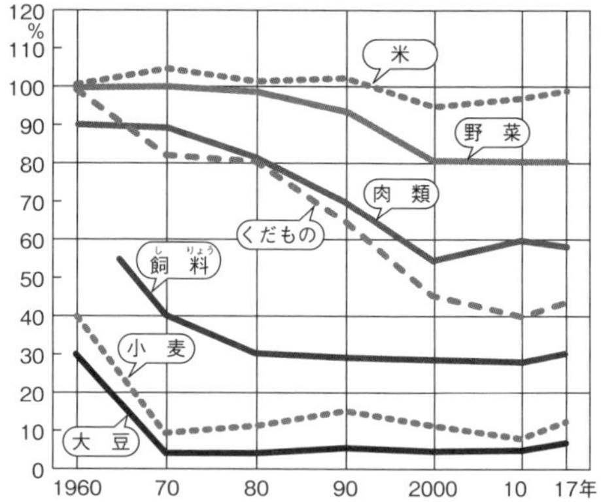

(『日本国勢図会　2019/20』より作成)

(1)　食料自《じ》給率《きゅうりつ》が100%以上の国は、どこですか。　(各7点)

(　　　　　　)(　　　　　　)

(2)　食料自給率が一番低い国はどこですか。　(7点)

(　　　　　　)

(3)　日本で食料自給率が100%近くあるのは、何ですか。　(7点)

(　　　　　　)

(4)　次の絵は、日本で原料の自給率がとても低い食料についてかいたものです。それぞれの原料の名前を書きましょう。　(各6点)

①

(　　　　　　)

②

(　　　　　　)

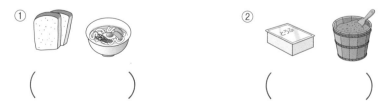

55 工業と地域①

月　日

点/40点

❀ 図は、工業の種類について表しています。□にあてはまる言葉を□から選んで書きましょう。（各8点）

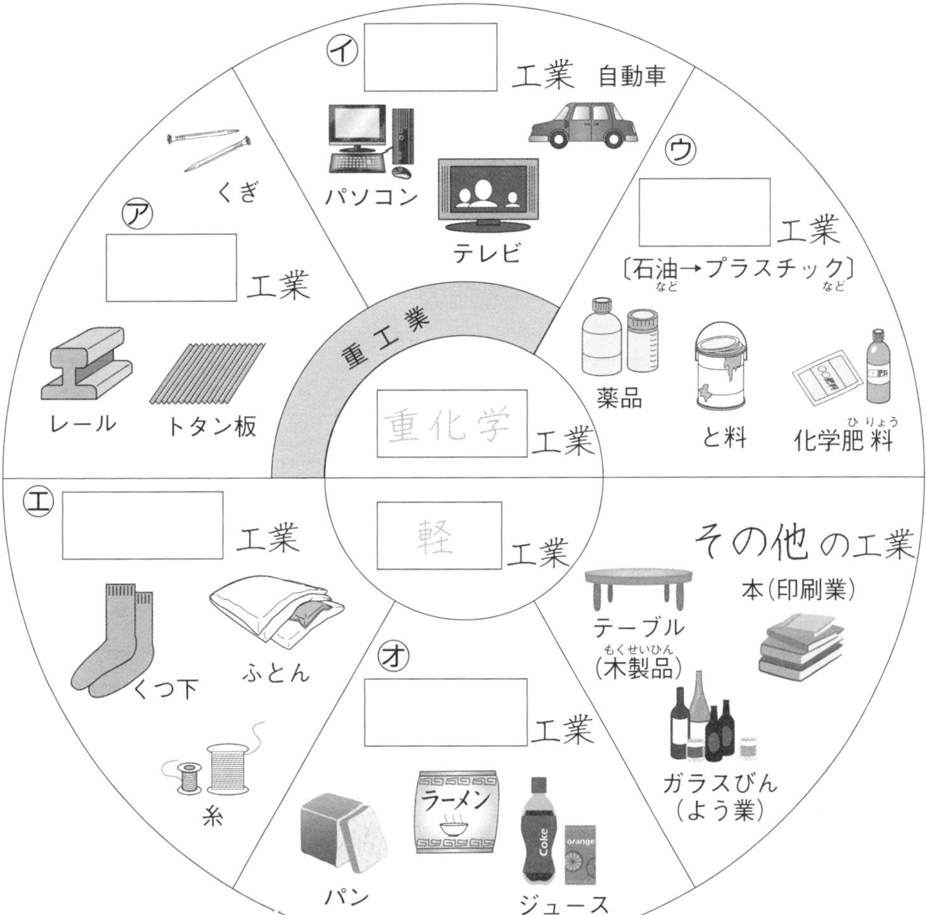

食料品	化学	せんい
金属《きんぞく》	機械	

56 工業と地域②

月　日

点/40点

❀ 日本の工業について、あとの問いに答えましょう。（各４点）

(1) 次の製品《せいひん》は何工業で生産されますか。記号で答えましょう。

①	②	③	④	⑤
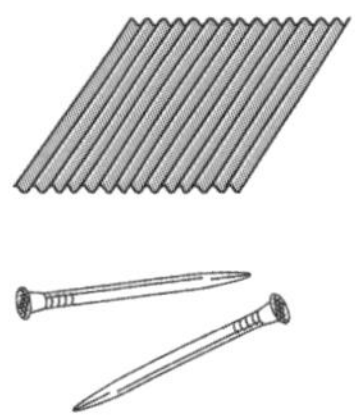	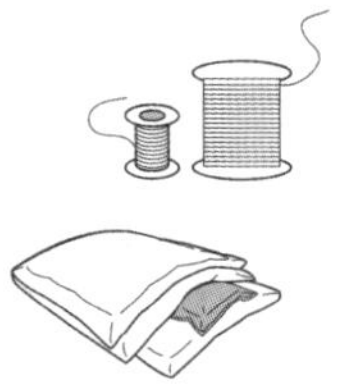			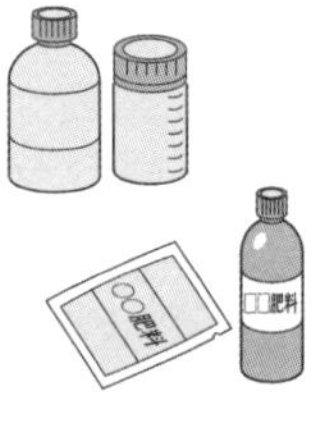

(　　　　)(　　　　)(　　　　)(　　　　)(　　　　)

㋐ 機械工業　㋑ せんい工業　㋒ 化学工業
㋓ 食料品工業　㋔ 金属《きんぞく》工業

(2) ㋐～㋔の工業を重化学工業と軽工業に分けましょう。

重化学工業	工業	工業	工業
軽工業	工業	工業	

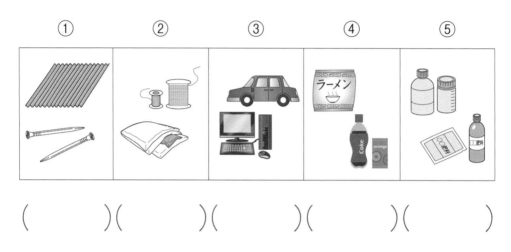

57 工業と地域③

月　日

点/40点

図を見て、問いにあてはまる工業地帯・工業地域名《ちいきめい》を（　　）に書きましょう。

（各10点）

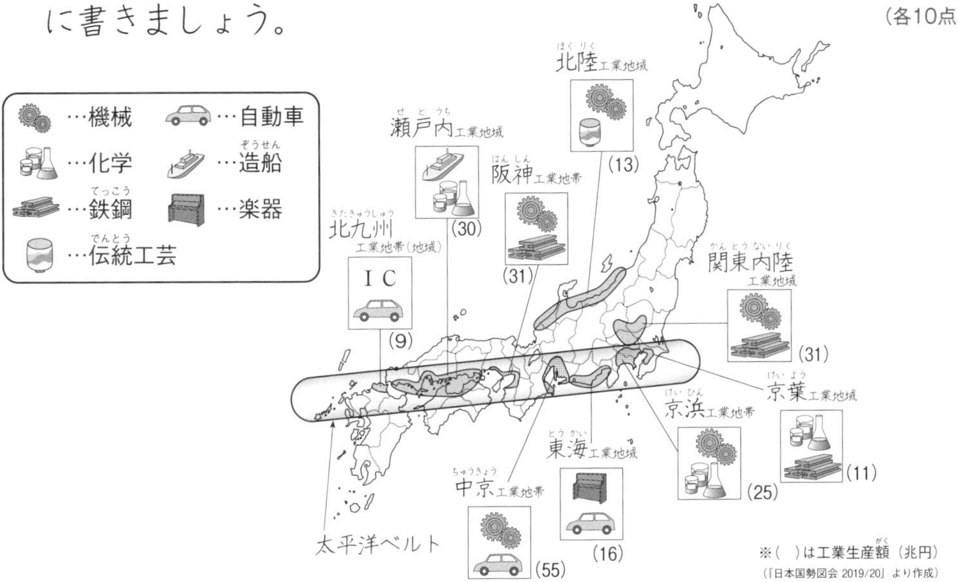

※（　）は工業生産額《がく》（兆円）
（『日本国勢図会 2019/20』より作成）

① 自動車工業が中心で工業生産額が一番多い。

（　　　　　　　工業地帯）

② 生産額は少ないが、日本で最初に製鉄所《せいてつしょ》がつくられた。

（　　　　　　　工業地帯（地域））

③ 太平洋ベルトから外れているが、伝統工芸がさかん。

（　　　　　　　工業地域）

④ 阪神と北九州工業地帯にはさまれ、造船や化学工業がさかん。

（　　　　　　　工業地域）

58 工業と地域④

月　日

点/40点

図を見て、あとの問いに答えましょう。（各８点）

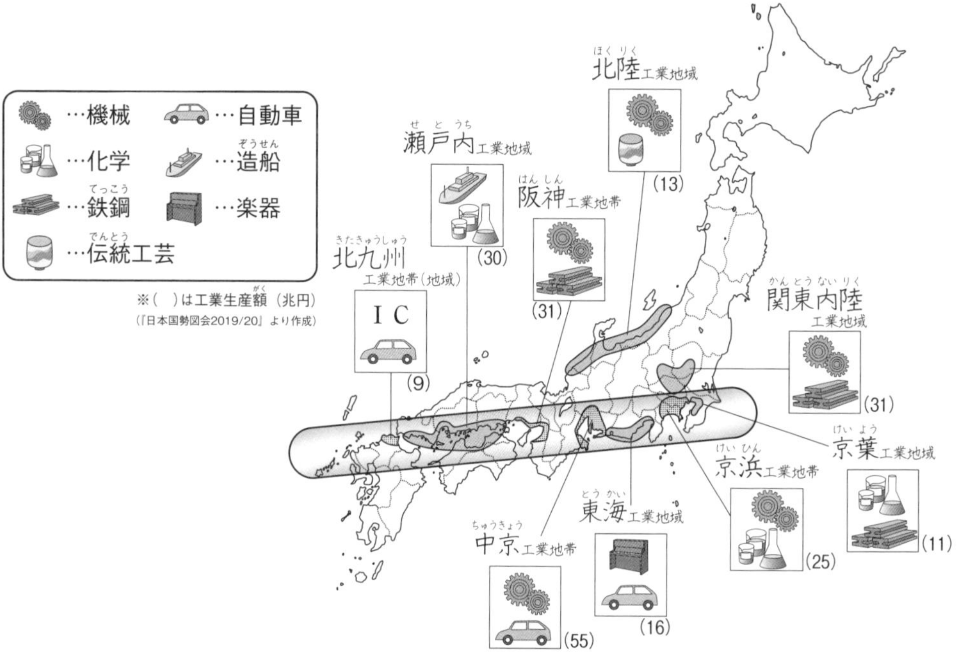

(1) 図の中で（楕円）で囲《かこ》まれた地域《ちいき》を何といいますか。

（　　　　　　　　）

(2) (1)について正しいものには○を、まちがっているものには×をつけましょう。

① （　　） 工業地帯と工業地域のすべてが入っている。

② （　　） 人口が多くて、働く人がたくさんいる。

③ （　　） 原材料の製品《せいひん》を運ぶのに便利な港や道路がある。

④ （　　） うめ立て地など、広い用地が少ない。

59 工業と地域⑤

月　日

点/40点

図は、工業地帯と工業地域《ちいき》を表しています。工業地帯とⓐの工業のさかんな地域の名前を書きましょう。（各8点）

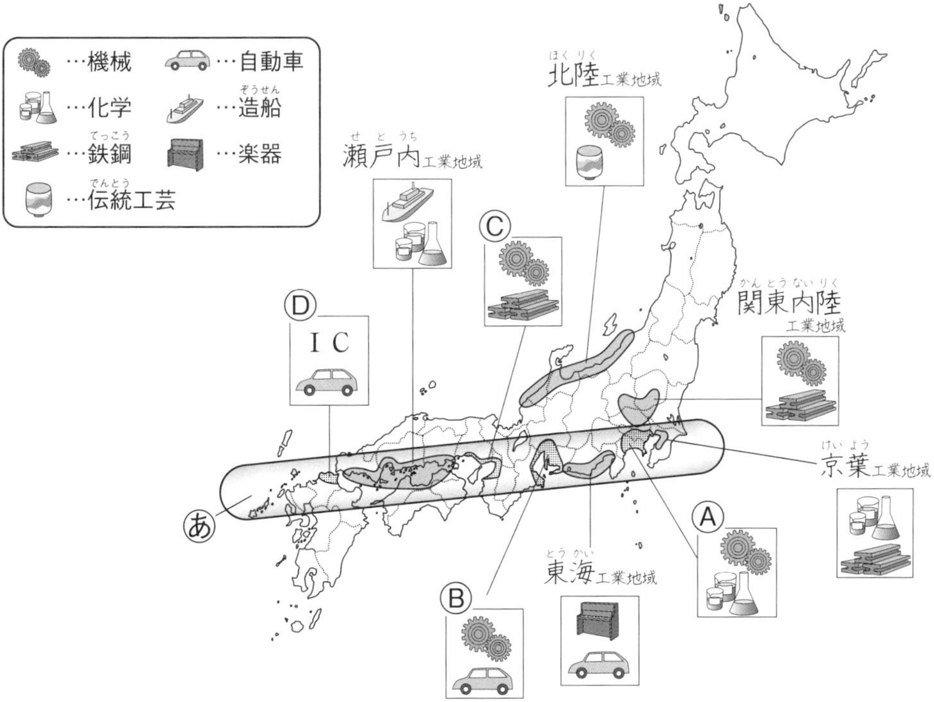

Ⓐ	工業地帯	Ⓑ	工業地帯
Ⓒ	工業地帯	Ⓓ	工業地帯（地域）
ⓐ			

阪神　中京　北九州　京浜　太平洋ベルト

60 工業と地域⑥

月　日

点/40点

✿ 図は、工業地帯と工業地域《ちいき》を表しています。工業地域の名前を書きましょう。

（各8点）

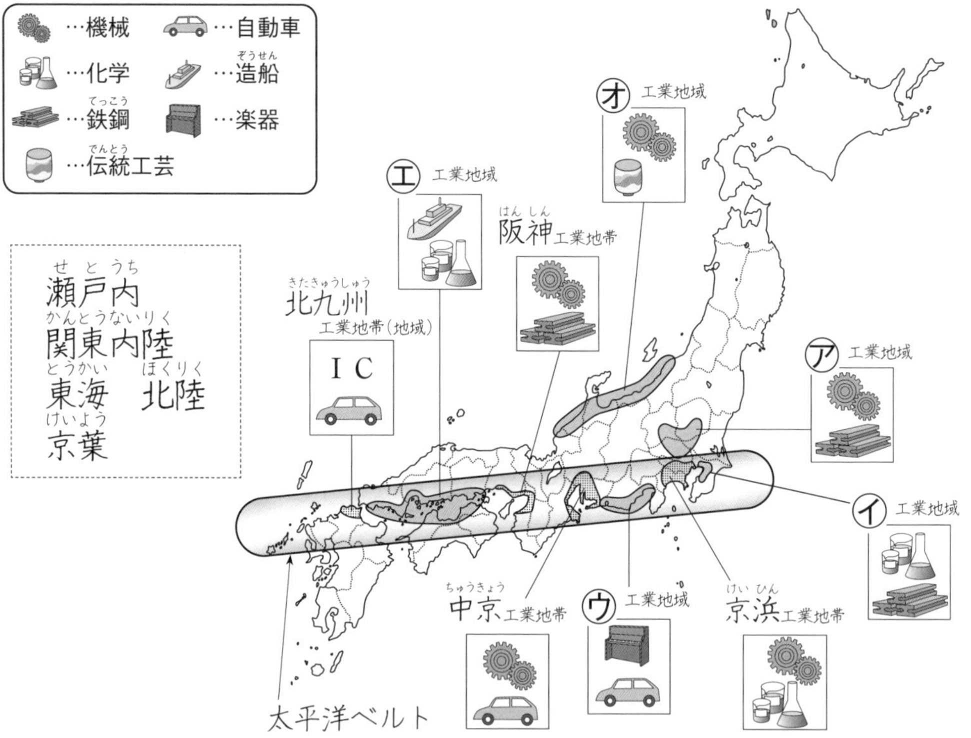

㋐	工業地域	㋑	工業地域
㋒	工業地域	㋓	工業地域
㋔	工業地域		

61 自動車づくり①

月　日

点/40点

図は、自動車ができあがる順番を表しています。あとの問いに答えましょう。　（各４点）

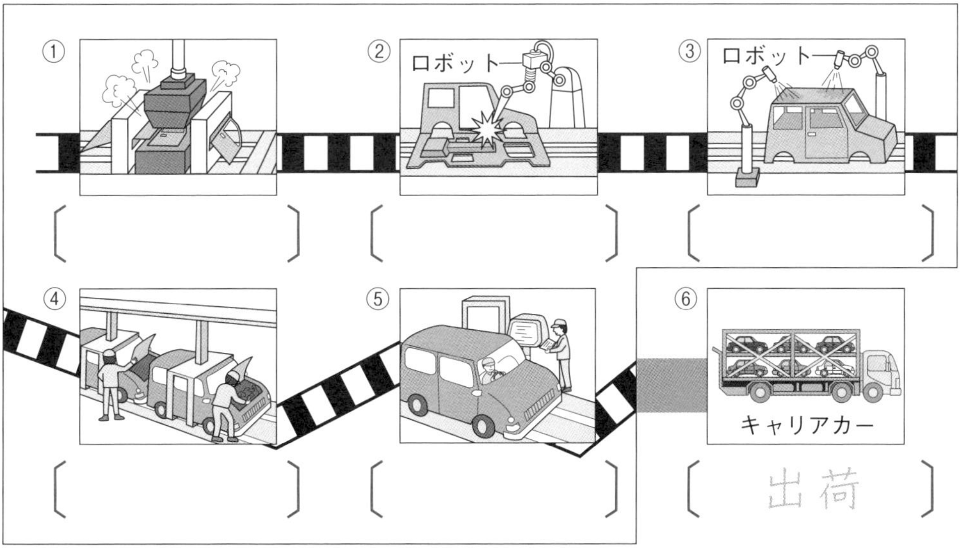

(1)　①～⑤の作業の名前を書きましょう。

検査《けんさ》　プレス　ようせつ　組み立て　とそう

(2)　次の作業は①～⑤のどこでしますか。（　　）に番号で答えましょう。

㋐（　　）　車体に色をぬる。

㋑（　　）　ドアや床《ゆか》などの部品をようせつし車体をつくる。

㋒（　　）　１まいの鉄板からドアなどの部品をつくる。

㋓（　　）　ブレーキやメーター表示などを点検する。

㋔（　　）　エンジンやシートなどを車体にとりつける。

62 自動車づくり②

月　日

点/40点

❀ 図は、自動車づくりの作業を表しています。あとの問いに答えましょう。（各５点）

㋐

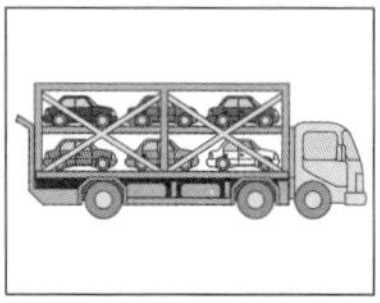

㋑

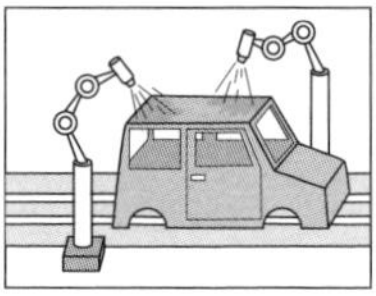

㋒

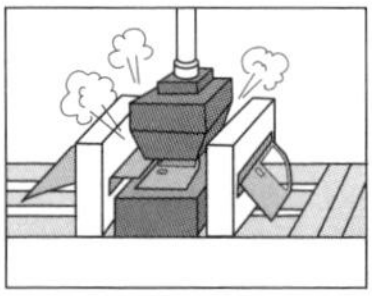

㋓

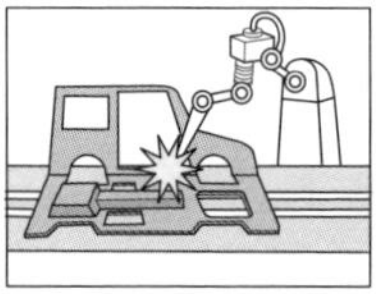

㋔

㋕

(1) ㋐～㋕はそれぞれ何の作業ですか。□に書きましょう。

とそう　ようせつ　出荷　組み立て　プレス　検査《けんさ》

(2) ㋐～㋕が正しい順番になるように、□に記号で答えましょう。

㋓ → □ → □ → □ → □ → ㋑

(3) ㋒、㋔のような、きけんな作業やくり返し作業を、人間のかわりにおこなう機械を何といいますか。（　　　　　）

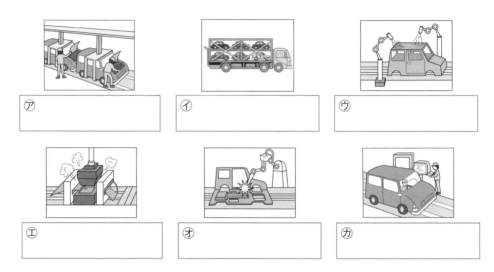

63 自動車の部品をつくる工場

月　日

点/40点

✿ 図を見て、あとの問いに答えましょう。（各8点）

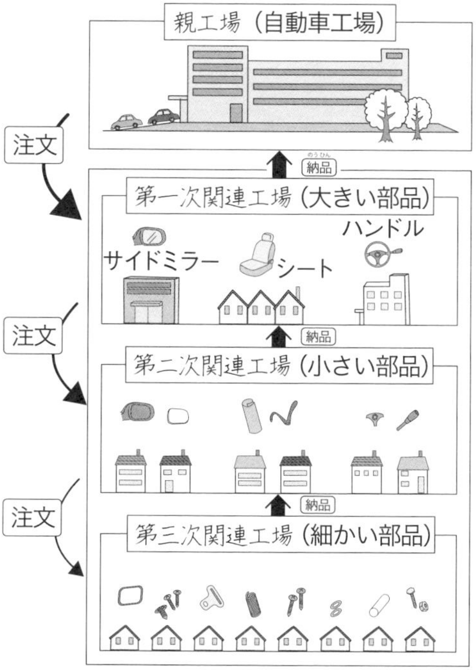

(1) 関連工場は、どんなところに建てるといいですか。正しいもの１つに○をつけましょう。

① (　　) 車が通れないところ。

② (　　) 駅の近く。

③ (　　) 親工場の近く。

(2) 親工場と関連工場の関係について、正しいものには○を、まちがっているものには×をつけましょう。

① (　　) 関連工場は、自分の好きな部品をどんどんつくる。

② (　　) 関連工場は、決められた時こくに少しぐらいおくれておさめてもかまわない。

③ (　　) 親工場から注文された部品に不良品は出さない。

④ (　　) 親工場の生産台数によって、部品の注文は増《ふ》えたり減《へ》ったりする。

64 これからの自動車づくり

月　日

点/40点

❀ 次の絵は、これからの自動車について書かれています。あとの問いに答えましょう。

（各８点）

㋐

燃料《ねんりょう》電池自動車

㋑

ハイブリットカー

㋒

車いすを利用する人が乗りおりしやすい

㋓

障害物《しょうがいぶつ》があると、その前で止まる

(1)　㋐と㋑の車について（　　）にあてはまる言葉を書きましょう。

㋐　燃《ねん》料《りょう》にガソリンを全く使いません。使うのは（①　　　）と酸素《さんそ》だけで、排出《はいしゅつ》するのも（②　　　）だけです。

㋑　ガソリンエンジンと（③　　　）モーターを使うので、排出ガスにふくまれる（④　　　　）の量が少ないです。

電気　　水素《すいそ》　　二酸化炭素　　水

(2)　㋐～㋓のうち、事故を防《ふせ》ぐための機能を備《そな》えた自動車はどれですか。記号で答えましょう。　（　　）

65 大工場と中・小工場①

月　日

点/40点

✿ グラフを見て、あとの問いに答えましょう。（各８点）

(1)（　　）にあてはまる数字や言葉を書きましょう。

工場の数のほとんどが中小工場で、大工場は、すべての工場数の（①　　　）％もありません。それでも大工場で働いている人は、働く人の数の約（②　　　）％あります。

そのうえ、生産額は、全生産額の約（③　　　）もしめています。

〈大工場と中小工場の割合《わりあい》〉

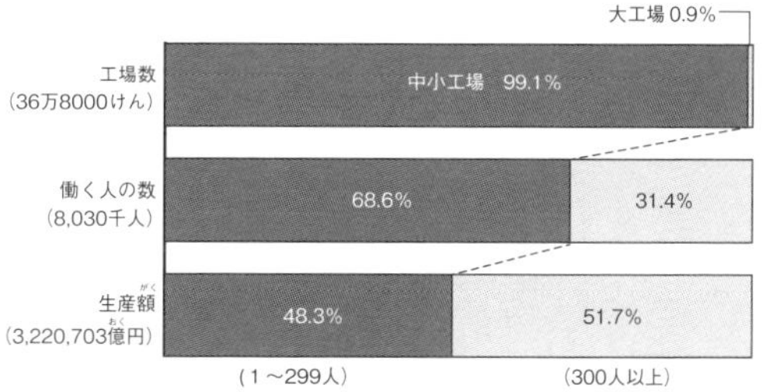

(『日本国勢図会　2019/20』より作成)

1　　半分　　30

(2) 次の文で正しいもの２つに○をつけましょう。

〈各工業の生産額にしめる中小工場と大工場の割合〉

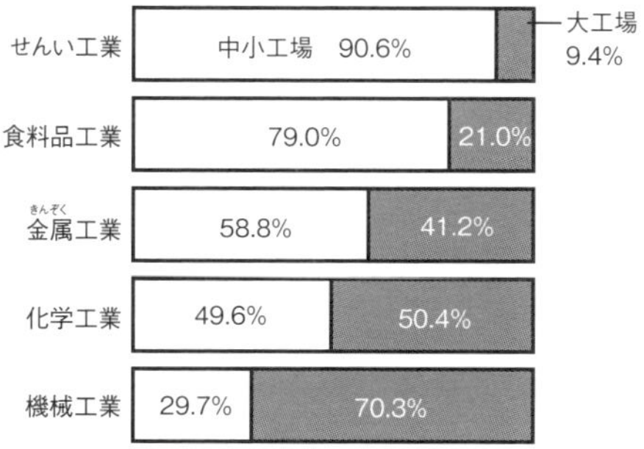

(経済産業省資料より作成)

①（　　）大工場は、重化学工業の割合が高い。

②（　　）中小工場は機械工業の生産の割合が高い。

③（　　）大工場は、金属工業の割合が58.8%ある。

④（　　）せんい工業は、ほとんど中小工場だ。

66 大工場と中・小工場②

月　日

点/40点

1　大工場と中小工場について、（　　）にあてはまる言葉を［　　］から選んで書きましょう。（各6点）

> 大工場は、働く人の数が少なくても、工場の（①　　　　）が進んでいるので、（②　　　　）生産ができます。
>
> しかし、（③　　　　）工場は、独自《どくじ》のすぐれた技術《ぎじゅつ》をもっていても、手作業にたよっているので大量にはつくれません。
>
> だから、生産額《せいさんがく》は、（④　　　　）工場の方が高くなります。

大量　　機械化　　大　　中小

2　次のグラフを見て、正しいもの2つに○をつけましょう。（各8点）

〈工場数の変化〉

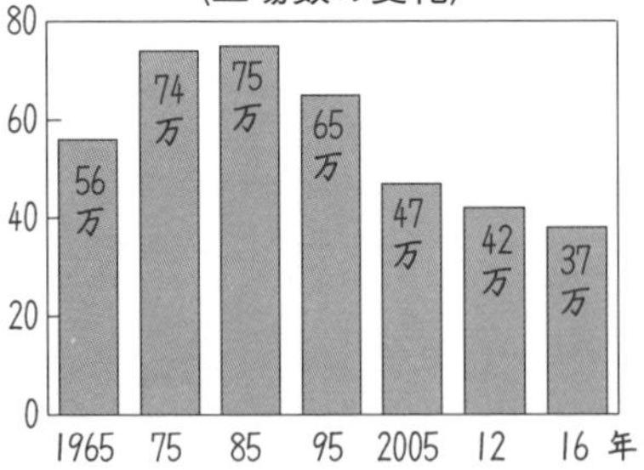

（『日本国勢図会　2019/20』より作成）

〈海外生産比率《ひりつ》〉

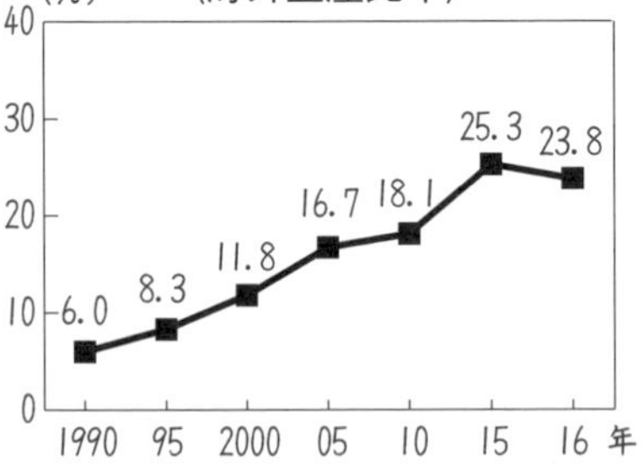

（『日本国勢図会　2019/20』より作成）

①（　　）　工場数は、1965年から2016年まで増《ふ》えている。

②（　　）　工場数は、1985年に比べて2016年は約半分。

③（　　）　海外生産比率は、90年から2016年まで増えている。

④（　　）　海外生産比率は、2015年は1990年の約4倍。

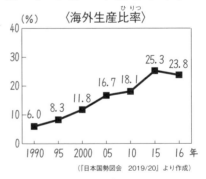

67 工業生産と貿易①

月　日

点/40点

図やグラフは、日本の貿易《ぼうえき》のようすを表しています。あとの問いに答えましょう。

（各８点）

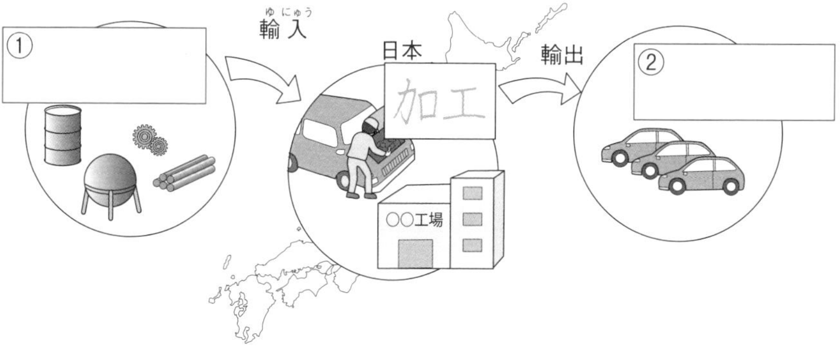

(1) 上の□にあてはまる言葉を書きましょう。

工業製品《せいひん》　原材料

(2) このような貿易を何貿易といいますか。

(3) 1960年と2018年の輸入１位の品を書きましょう。

① 1960年（　　　　　）　② 2018年（　　　　　）

〈日本の輸入品の内わけ〉

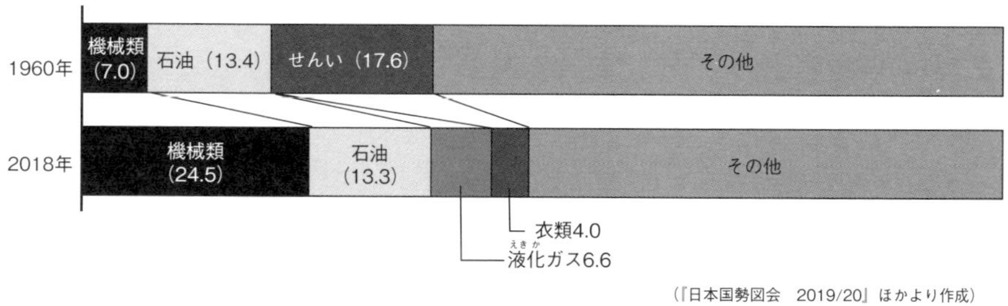

（『日本国勢図会　2019/20』ほかより作成）

68 工業生産と貿易②

月　日

点/40点

グラフを見て、あとの問いに答えましょう。 (各10点)

〈日本での輸出入《ゆしゅつにゅう》品の内わけ〉

輸出

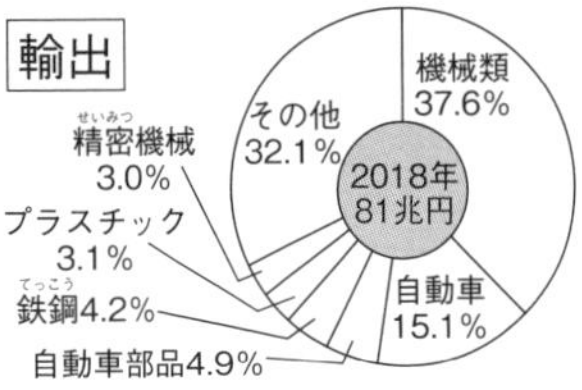

輸入

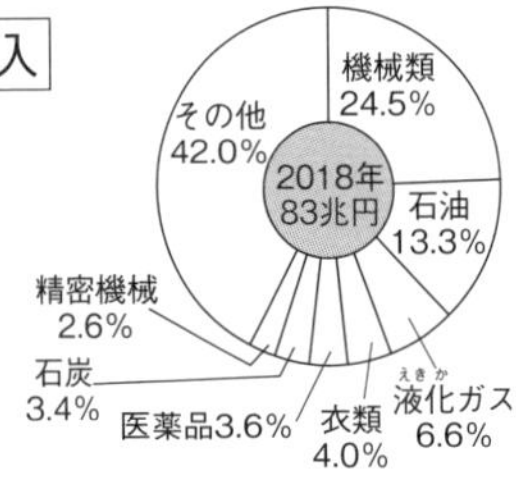

(『日本国勢図会　2019/20』より作成)

(1) 次の文で正しいもの2つに○をつけましょう。

① (　　) 日本の輸出額《がく》は、輸入額の2倍以上ある。

② (　　) 日本の輸出額は、最近10年間減《へ》り続けている。

③ (　　) 輸出品の中心は、機械、自動車などの工業製品《せいひん》である。

④ (　　) 輸入品の中心は、石油などのエネルギー資源《しげん》である。

⑤ (　　) 日本の貿易《ぼうえき》の第1位は、輸出・輸入とも機械類である。

〈国別原油輸入比率《ひりつ》〉

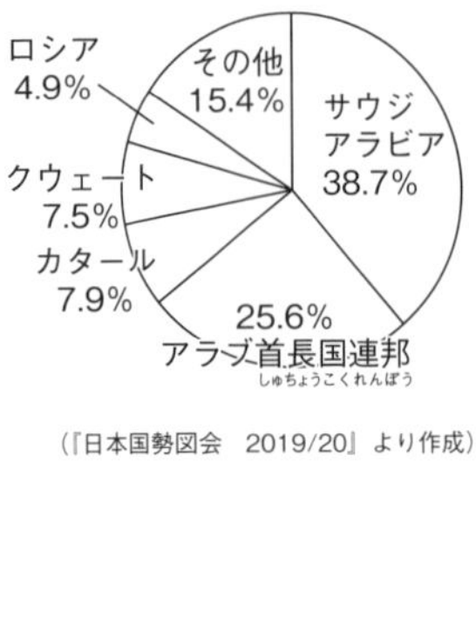

(『日本国勢図会　2019/20』より作成)

(2) 日本が石油を輸入している上位2つの国を書きましょう。

①(　　　　　　　　　　)

②(　　　　　　　　　　)

69 工業生産と貿易③

月　日

点/40点

1　図は、貿易《ぼうえき》のようすを表しています。（　　）にあてはまる言葉を書きましょう。

（各8点）

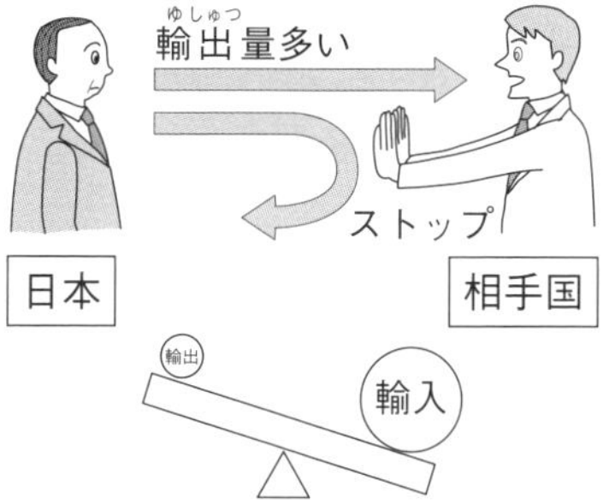

輸出	輸入制限《せいげん》
貿易まさつ	売れなく

日本が相手国のことを考えずに大量の製品《せいひん》を（①　　　）すると、相手国では、自分の国の製品が（②　　　）なるため、（③　　　）などをします。それにより起こる対立を（④　　　）といいます。

2　グラフは、輸入品の内わけを表しています。正しい方に○をつけましょう。

（8点）

〈日本の輸入品の内わけ〉

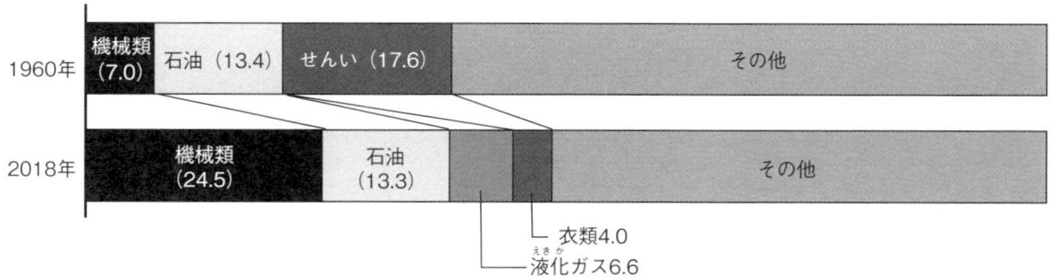

（『日本国勢図会　2019/20』ほかより作成）

①（　　）　せんい（衣類）の輸入が減《へ》り、機械類が増《ふ》えた。

②（　　）　どちらも石油の輸入が１位だ。

70 工業生産と貿易④

月　日

点/40点

✿ 日本の貿易《ぼうえき》をめぐる問題について、あとの問いに答えましょう。

〈日本の輸出入額の移《うつ》り変わり〉

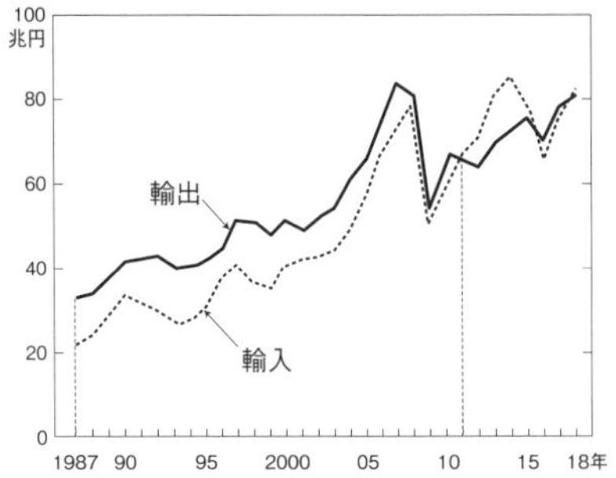

（『日本国勢図会　2019/20』より作成）

(1)　2011年まで、日本の貿易額《がく》は、輸出《ゆしゅつ》、輸入のどちらが多いですか。（6点）

（　　　　）

(2)　（　　　）にあてはまる言葉を書きましょう。（各6点）

日本が製品《せいひん》を大量に（①　　　　）すると、相手国の製品が売れなくなり、産業が（②　　　　）てしまいます。すると相手国は、自国の産業を守るため（③　　　　）をおこない、日本と争いになることがあります。このような問題を（④　　　　）といいます。

おとろえ　　輸出　　輸入制限《せいげん》　　貿易まさつ

(3)　(2)の問題を解決《かいけつ》するためにしていることを、次の㋐～㋒から2つ選び（　　）に○をつけましょう。（各5点）

㋐（　　）　相手国の人々に技術《ぎじゅつ》を伝える。

㋑（　　）　相手国への輸出を減《へ》らす。

㋒（　　）　相手国の品物を無制限に輸入する。

71 くらしと情報①

月　日

点/40点

❀ 絵を見て、情報《じょうほう》を伝える方法の特ちょうを㋐～㋓から選び記号で答えましょう。　(各10点)

①	②	③	④
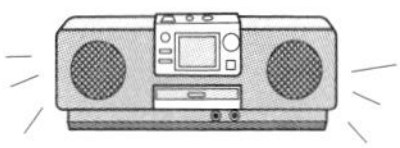			
ラジオ	インターネット	新聞紙	テレビ
(　　　)	(　　　)	(　　　)	(　　　)

㋐ 世界中の大量の情報を、時間や場所を気にせず、すぐに知ることができる。

㋑ 何度も読むことができ、情報を切りぬいて保《ほ》存《ぞん》することができる。

㋒ 音声を通して情報が伝わってくるので、他の作業をしていても知ることができる。

㋓ 映像《えいぞう》と音声を通じて、わかりやすく知らせてくれる。

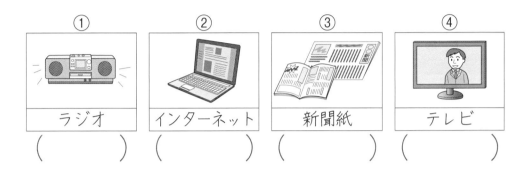

72 くらしと情報②

月　日

点/40点

1　次の絵は、ニュース番組が放送されるまでの仕事を表しています。①～⑤の仕事を書きましょう。（各8点）

〈 ① 〉 ⟶ 〈 ② 〉 ⟶ 〈 ③ 〉 ⟶ 〈 ④ 〉 ⟶ 〈 ⑤ 〉

①	編集《へんしゅう》会議	②		③	映像《えいぞう》の編集
④		⑤			

取材　　原稿《げんこう》チェック　　スタジオ本番

2　情報《じょうほう》には、さまざまなものがあります。次の①、②にあてはまる情報を選び、（　　）に記号で答えましょう。（各8点）

①（　　）「台風が近づいていますので、大雨に注意してください。」などの情報

②（　　）大きなゆれが来る前に、すばやいひなんができるように気象庁《きしょうちょう》が出す情報

㋐ きん急地震速報《じしんそくほう》　　㋑ 気象情報

73 くらしと情報③

月　日

点/40点

図は、コンビニエンスストアで使われているコンピュータの仕組みを表しています。あとの問いに答えましょう。（各8点）

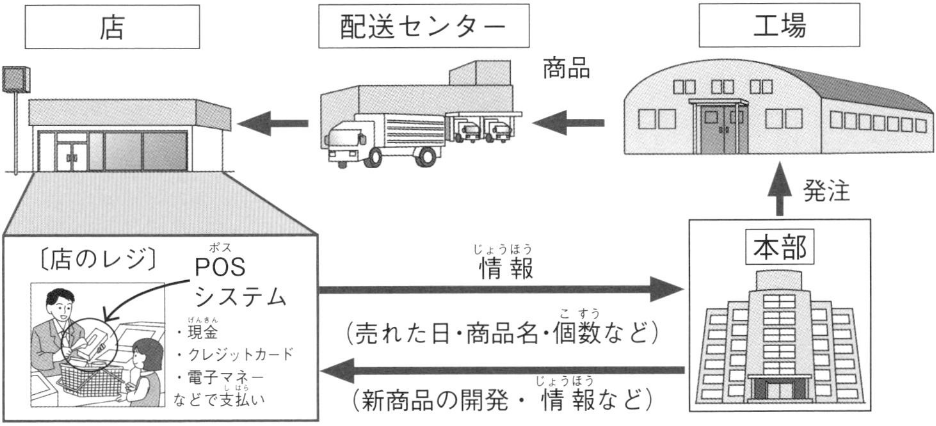

(1)　POSシステムを使うことでわかることに○をつけましょう。

①（ 店に来た人の数 ・ 商品が売れた日時 ）

② 売れた商品の（ 個数 ・ 形 ）

③（ 売れた商品の名前 ・ 店に来るまでの交通手だん ）

(2)　POSシステムを使うことで、どのようにして店頭に商品がならびますか。㋐、㋑にあてはまる言葉を、図からさがして書きましょう。

店 → ㋐ → 工場 → ㋑ → 店

74 くらしと情報④

月　日

点/40点

✿ 絵やグラフを見て、あとの問いに答えましょう。 （各８点）

〈インターネットを使った犯罪で警察《けいさつ》が相談を受けた件数《けんすう》と割合《わりあい》〉

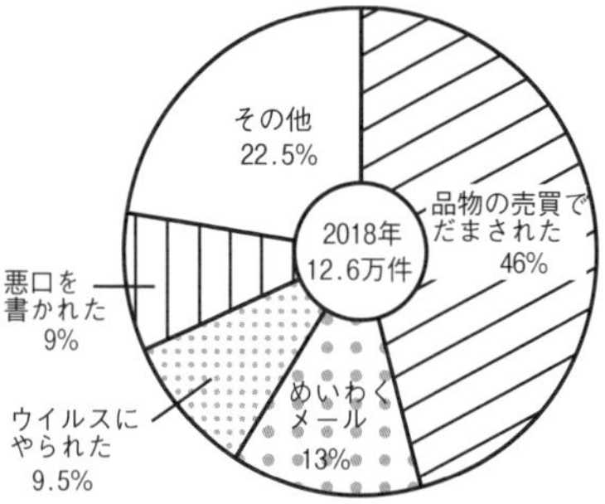

（警察庁統計資料より作成）

(1) 半分近くをしめている相談内容《ないよう》は何ですか。

（　　　　　　　　　　）

(2) インターネットの犯罪《はんざい》として考えられるものを書きましょう。

①

［　　　　　］の流出

②

［　　　　　］なかき込み

③

［　不正　］な請求《せいきゅう》

悪質《あくしつ》　個人情報《こじんじょうほう》

(3) 次の（　　）にあてはまる言葉を書きましょう。

情報を送る側は（①　　　　）の情報やひみつを流さないこと、受け取る側は（②　　　　）な情報を選ぶことが大事です。

必要　個人

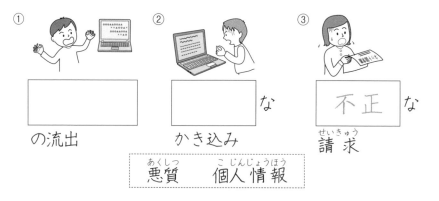

75 自然災害①

月　日

点/40点

自然災害《さいがい》の起きた場所を地図にまとめました。あとの問いに答えましょう。（各５点）

(1) 図中の①～⑥の災害の名前を［　　］から選んで書きましょう。

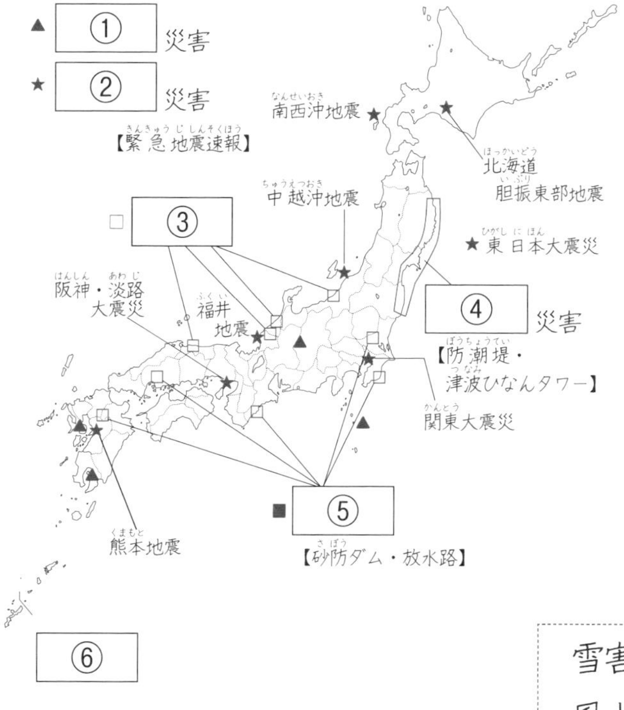

	名前
①	火山
②	
③	
④	
⑤	
⑥	

雪害　地震　津波
風水害　台風

(2) ①～⑥の中で、とくに気候と関係するものを番号で答えましょう。　（　　　）（　　　）（　　　）

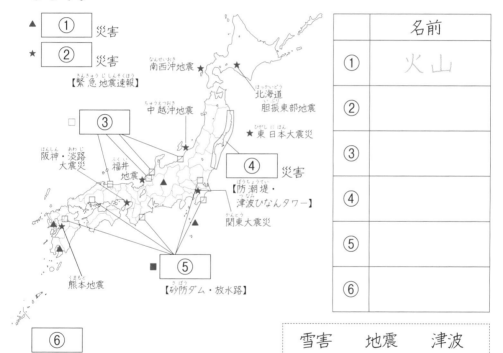

76 自然災害②

月　日

点/40点

自然災害《しぜんさいがい》を防《ふせ》ぐために取り組んでいることについて、説明している文を線で結びましょう。

(各８点)

①	ハザードマップ ・	・ ㋐	土砂《どしゃ》くずれのおこりそうな山間部に、つくられているもの。
②	砂防《さぼう》ダム ・	・ ㋑	川や海が、はんらんしそうな所につくられているもの。
③	防災訓練 ・	・ ㋒	災害のおきそうな場所やひなん場所を示《しめ》した地図。
④	ていぼう ・	・ ㋓	地震《じしん》の発生直後に、各地での強いゆれの到達時刻《とうたつじこく》や震度を予想して、早く知らせること。
⑤	緊急地震《きんきゅうじしん》速報《そくほう》 ・	・ ㋔	災害にそなえてひなん経《けい》路《ろ》・ひなん場所を確認《かくにん》すること。

77 自然災害を防ぐ取り組み①

月　日

点/40点

❀ 次の図は、大雨によって土砂《どしゃ》くずれが起きたときについてかいたものです。あとの問いに答えましょう。 (各8点)

(1) ①～④の(　　)にあてはまる言葉を、[　　]から選んで書きましょう。

① しゃ面から(　　　　　)が流れ出る。

② (　　　　　　)がする。

③ 川に(　　　　　　)が流れ出てくる。

④ 川の水が
(　　　　　　　)。

山鳴り	にごっている	水	流木

(2) 右の写真は、こう水のひ害を少なくするために、地下に雨水ためる設備《せつび》です。用水路と放水路のどちらですか。

(　　　　　　　　)

78 自然災害を防ぐ取り組み②

月　日

点/40点

❀ 次の地図を見て、あとの問いに答えましょう。（各10点）

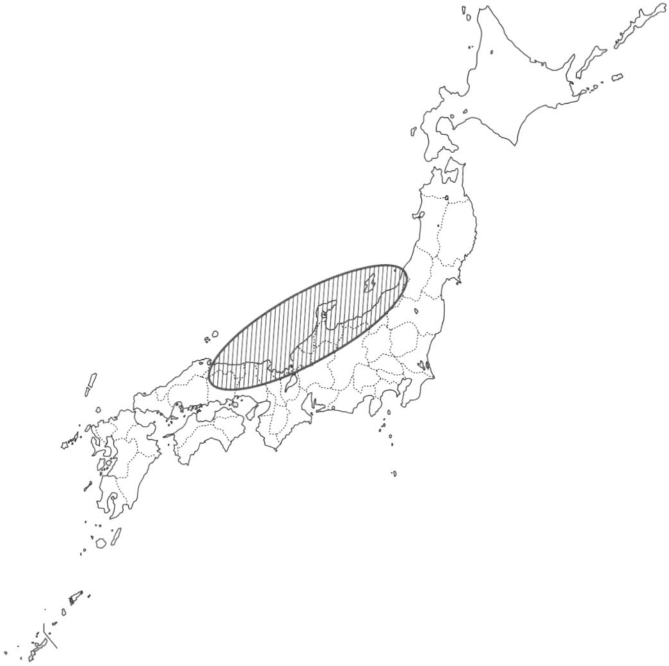

(1) の地域《ちいき》では、どんな災害《さいがい》が起きやすいですか。□から選んで書きましょう。

（　　　　　）

冷害　雪害
干害《かんがい》

(2) (1)の災害を減らすためにしていることを、□から選んで書きましょう。

① 道路に積もった雪を（　　　　　）する。

② 熱で道路を（　　　　　）。

③ （　　　　　）を防止《ぼうし》するさくを設置《せっち》する。

なだれ　除雪《じょせつ》　あたためる

79 森林のはたらき①

月　　日

点/40点

✿ 次の絵を見て、あとの問いに答えましょう。　（各5点）

(1)（　　）にあてはまる言葉を［　　］から選んで書きましょう。

① 土を（　　　　　　）　② 木材を（つくる）

③ 動物の（　　　　　　）　④ 空気を（　　　　　　）に

⑤ 人々の（　　　　　　）の場

すみか　　きれい　　支《ささ》える　　やすらぎ

(2) 森林は、災害《さいがい》や公害を防ぐはたらきもあります。それぞれ何を防ぐか、［　　］から選んで書きましょう。

① 災害（　　　　　　）（　　　　　　）

② 公害（　　　　　　）（　　　　　　）

津波《つなみ》　　そう音　　土砂《どしゃ》くずれ　　しん動

80 森林のはたらき②

月　日

点/40点

1　次の絵を見て、（　　）にあてはまる言葉を書きましょう。

（各6点）

緑のダム

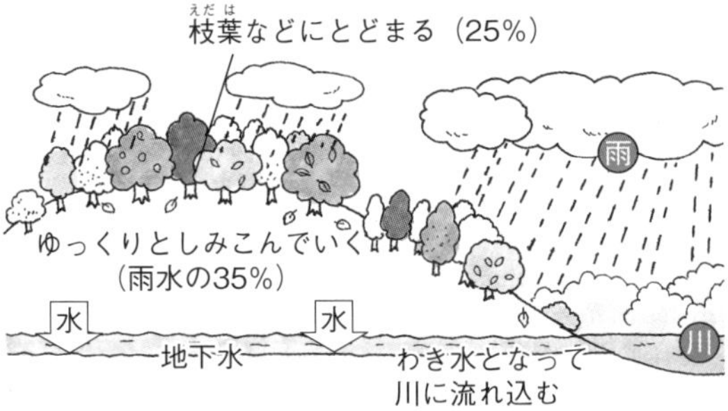

森林にふった雨の（①　　　　）%は地下にしみこみ、（②　　　　　）になります。みきや枝葉には（③　　　）%とどまります。こうして、ふった雨の（④　　　）%が森林にたくわえられているので、（⑤　　　　　）といわれています。

2　最近、森林があれてきている原因《げんいん》について正しい言葉に○をつけましょう。

（各5点）

（①国産木材・輸入《ゆにゅう》木材　）のほうが、ねだんが安いのと、林業で働く人が（②減《へ》って・増《ふ》えて　）きて、管理《かんり》ができていないから。

81 公害と四大公害病①

月　日

点/40点

1 次の(　)にあてはまる言葉を書きましょう。 (各5点)

工場などが出す(① 　　　　)や排水《はいすい》によって空気や水、土がよごされ、さまざまな(② 　　　　)の原因《げんいん》になったり、(③ 　　　　)がすめなくなったりすることがあります。これを(④ 　　　　)といいます。

公害　　生き物　　病気　　けむり

2 絵を見て、①～④の公害の種類を書きましょう。 (各5点)

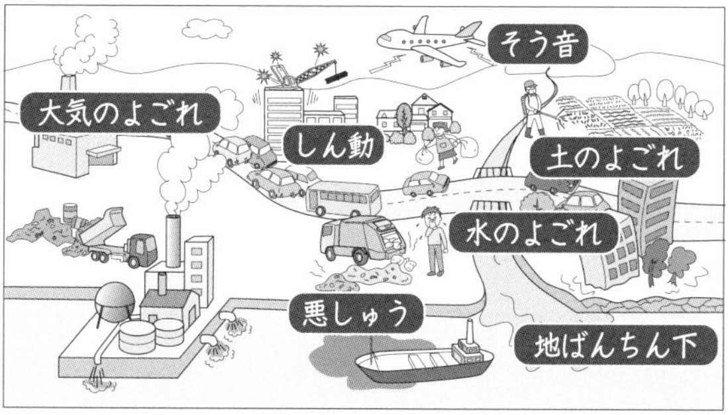

① 工場からのけむり、自動車の排気《はいき》ガスなどが原因。 (　　　　)

② 工場や家庭からのよごれた排水が原因。 (　　　　)

③ 飛行機などの音が原因。 (　　　　)

④ 家畜《かちく》やゴミなどがたまることが原因。 (　　　　)

82 公害と四大公害病②

月　日

点/40点

❀ 地図は、四大公害病が起こった場所を表しています。あとの問いに答えましょう。（各5点）

(1) ①～④で起こった公害病の名前を書きましょう。

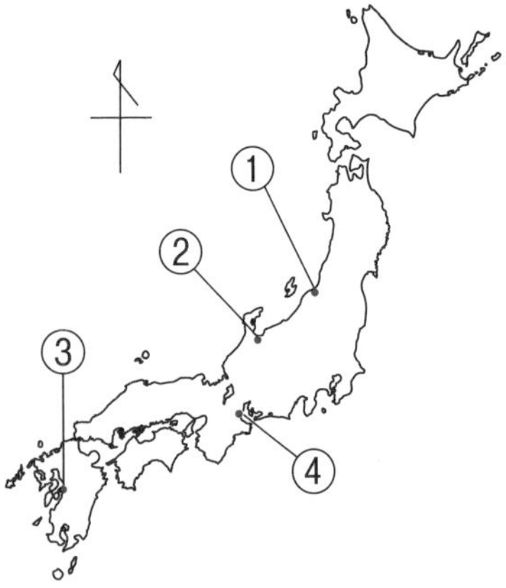

①	
②	
③	
④	

水俣《みなまた》病　新潟水俣病　イタイイタイ病
四日市ぜんそく

(2) ①～④の原因《げんいん》にあたる文を選んで、(　　)に記号で答えましょう。（2回使うものもあります。）

①（　　）　②（　　）　③（　　）　④（　　）

㋐ 化学工場から出たメチル水銀

㋑ 鉱山《こうざん》から出たカドミウム

㋒ 石油化学工場から出た亜硫酸《ありゅうさん》ガス

83 自然を守る

月　日

点/40点

❀ 次の文は、自然を守る運動について書かれています。（各８点）

(1) 絵を見て名前を書きましょう。

・ラムサール条約

・世界遺産《いさん》条約

・ナショナルトラスト運動

㋐ 世界の貴重《きちょう》な文化財《ぶんかざい》や自然を守るための条約《じょうやく》。

（　　　　　　　　　　）

㋑ 大切な自然や建物などを守るために、人々からの募金《ぼきん》で、土地や建物を買い取って保存《ほぞん》していく運動。

（　　　　　　　　　　）

㋒ 水鳥などが集まる世界的に大切な湿地《しっち》を守るための条約。

（　　　　　　　　　　）

(2) 次の場所は(1)の㋐～㋒のどの運動と関係していますか。記号で答えましょう。

① 釧路湿原《くしろしつげん》（北海道）（　　　）

② 天神崎《てんじんざき》（和歌山県）（　㋑　）

③ 屋久島《やくしま》（鹿児島県）（　　　）

84 世界遺産

月　日

点/40点

✿ 次の地図は、日本の世界遺産《いさん》の一部をまとめたものです。（　　）にあてはまる言葉を書きましょう。（各5点）

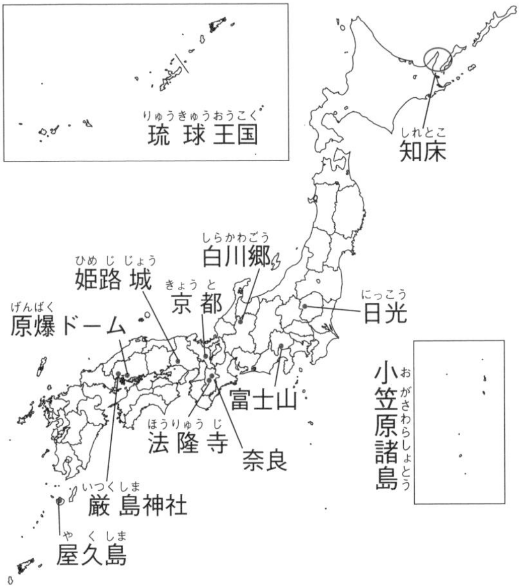

① 金閣《きんかく》をはじめとする神社・寺。
古都《こと》（　　　　）

② 大仏のある東大寺《とうだいじ》など昔の都。
古都（　　　　）

③ 栃木県にあり、徳《とく》川《がわ》家康《いえやす》をまつる東《とう》照宮《しょうぐう》など。
（　　　　）の社寺

④ 縄文杉《じょうもんすぎ》が有名。
（　　　　）

⑤ 瀬戸内海《せとないかい》にうかぶ神社。（　　　　）神社

⑥ 昔は中国や日本などと交流。（　　　　）王国のグスク

⑦ アイヌ語で「シリエトク」（　　　　）

⑧ 世界から核兵器《かくへいき》をなくした平和な世界をうったえる建物。（　　　　）

日本の世界遺産は全部で23あるよ。（2021年3月現在）

答　え

地図は名称をおぼえることが大切です。くり返すことで理解が深まります。

1 三大洋と六大陸①

Ⓐ　インド洋　　Ⓑ　太平洋

Ⓒ　大西洋

(あ)　赤道

2 三大洋と六大陸②

①　ユーラシア　　②　北アメリカ

③　南アメリカ　　④　アフリカ

⑤　オーストラリア　　⑥　南極

3 地図の見方

(1)　㋐　経線　　㋑　緯線

(2)

4 日本のまわりの国々

①　ロシア連邦

②　中華人民共和国

③　朝鮮民主主義人民共和国

④　大韓民国

日本にもたくさんの地域があり、それぞれ特徴があります。地図を見ながら学習していきましょう。

5 日本のまわりの海

㋐　東シナ海　　㋑　太平洋

㋒　オホーツク海　　㋓　日本海

6 日本のはしの島

Ⓐ　択捉島　　Ⓑ　与那国島

Ⓒ　沖ノ鳥島　　Ⓓ　南鳥島

7 日本の国土

(1)　①　本州　　②　北海道

　　③　九州　　④　四国

(2)　沖ノ鳥島

8 日本の領土

(1)　①　北方領土　　②　ロシア連邦

(2)　㋐　日本（海）・大韓民国

　　㋑　東シナ（海）・中華人民共和国

9 都道府県名①

①　栃木県　　②　群馬県

③　埼玉県　　④　山梨県

⑤　長野県　　⑥　岐阜県

⑦　滋賀県　　⑧　奈良県

10 都道府県名②

(1) ㋐ 北海道　㋑ 岩手県
㋒ 福島県　㋓ 長野県

(2) ① 香川県　② 大阪府
③ 東京都　④ 沖縄県

11 日本の山脈・山地①

① 日高　② 奥羽
③ 越後　④ 飛驒
⑤ 木曽　⑥ 赤石

12 日本の山脈・山地②

① 関東　② 紀伊
③ 中国　④ 四国
⑤ 九州

13 日本の川と平野①

① 石狩　② 最上
③ 信濃　④ 利根
⑤ 木曽　⑥ 筑後

14 日本の川と平野②

① 根釧　② 十勝
③ 庄内　④ 仙台
⑤ 越後　⑥ 関東
⑦ 濃尾　⑧ 筑紫

15 高い土地の人々のくらし①

(1) ① 約27(26も可)　② 約19(20も可)

(2) ① 火山ばい　② やせた
③ 米づくり　④ 牛のフン
⑤ 高原野菜

16 高い土地の人々のくらし②

(1) 7、10

(2) 群馬

(3) ① 暑さ　② 少なく
③ 高く

17 低い土地の人々のくらし①

① 低い　② てい防
③ 輪中　④ 水屋
⑤ はい水機場

18 低い土地の人々のくらし②

① はい水　② くさって
③ ほり田　④ 水路

19 日本の気候①

(1) ㋐ 冬、ⓘ
㋑ 夏、ⓐ

(2) 日本海側

20 日本の気候②

(1) Ⓐ 四国　Ⓑ 中国

(2) ① 夏　② 冬
③ 少ない

21 日本の気候③

① 北海道　② 日本海側

③ 太平洋側　④ 中央高地

⑤ 瀬戸内海　⑥ 南西諸島

22 日本の気候④

① 日本海側　② 南西諸島

③ 瀬戸内海　④ 中央高地

⑤ 北海道　⑥ 太平洋側

23 あたたかい地域の人々のくらし

(1) ① 台風　② 石垣

(2) ① 気温　② 広い戸

(3) ① 水不足　② 貯水タンク

24 寒い地域の人々のくらし

(1) ① 二重　② 断熱材

(2) ① 雪　② 急

(3) 灯油タンク

25 あたたかい地域・寒い地域①

(1) 沖縄　㋐、㋒

北海道　㋑、㋓

(2) ① 広い戸　石垣

② 二重まど　灯油タンク

(順不同)

26 あたたかい地域・寒い地域②

(1) ②

(2) ① サトウキビ、きく

② じゃがいも、牛乳

(順不同)

農業についての学習です。地域や作り方、今と昔のちがいなどには、それぞれ理由があります。理由を知れば答えもすぐ分かります。

27 米づくりのさかんな地域①

(1) 東北　中部　(順不同)

(2) 日本海側

(3) 米どころ

(4) 東京都

28 米づくりのさかんな地域②

(1) 1位　新潟県

2位　北海道

3位　秋田県

(2) ㋐ 秋田　㋑ 庄内　㋒ 越後

(3) ㋐ 雄物川　㋑ 最上川　㋒ 信濃川

29 米づくりのさかんな地域③

(1) ① 平地　② 水

③ 高温

(2) ㋐ 庄内、最上

㋑ 越後、信濃

(3) 晴れ

30 米づくりのさかんな地域④

① ×　② ◯　③ ◯

④ ◯　⑤ ×

31 米づくりの一年①

(1) ① 田おこし（・しろかき）

② なえづくり

③ 稲かり・だっこく　④ 田植え

(2) コンバイン

32 米づくりの一年②

㋐ 6　㋑ 1　㋒ 2

㋓ 4　㋔ 3　㋕ 5

33 米づくりのくふう①

(1) Ⓐ 耕地整理　Ⓑ 品種改良

(2) Ⓐ 大型機械　Ⓑ 新しい品種

34 米づくりのくふう②

(1) Ⓐ ① トラクター　② 田植え機

③ コンバイン

Ⓑ ① 耕す　② 田植え

③ 稲かり

(2) 田植え、稲かり　（順不同）

35 これからの米づくり①

(1) ① ◯　② ×

③ ◯　④ ×

(2) ① 減らす　② 転作

③ 生産調整　④ 安い

36 これからの米づくり②

(1) Ⓐ たい肥

① 栄養分

(2) Ⓑ アイガモ

② 雑草　③ 農薬

(3) Ⓒ 品種改良

④ おいしい　⑤ 育てやすい

37 野菜づくり①

(1)

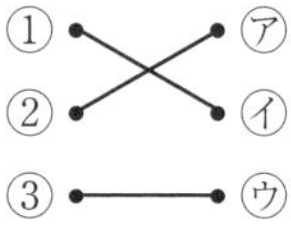

(2) ① ㋔ ㋕

② ㋐ ㋑ （順不同）

③ ㋒ ㋓ （順不同）

38 野菜づくり②

(1) 高原野菜

㋐ 群馬　㋑ 長野

レタス、キャベツ　（順不同）

(2) 早づくり

㋒ 高知　㋓ 宮崎

ピーマン、きゅうり

(3) 近郊

㋔ 茨城　㋕ 千葉

多種多様

39 くだものづくり①

(1) ㋐ 青森県　㋑ 長野県
㋒ 和歌山県　㋓ 愛媛県

(2) 山梨県　長野県　(順不同)

(3) ① すずしい　② あたたかい
③ 夜　④ 大きい

40 くだものづくり②

(1) すずしい
㋐ 青森　㋑ 長野
りんご

(2) あたたかい
㋓ 和歌山　㋔ 愛媛
みかん

(3) 昼夜の温度差
㋒ 山梨　㋑ 長野
ぶどう

41 畜産のさかんな地域①

	第1位	第2位
乳牛	**北海道**	**栃木県**
肉牛	北海道	**鹿児島県**
ぶた	**鹿児島県**	**宮崎県**

42 畜産のさかんな地域②

(1) ① 広い　② すずしい

(2) ① 根釧　② シラス

(3) サツマイモ

(4) ぶた

漁業についての学習です。魚がたくさん集まる場所や方法について地図と絵を見て、答えを見つけましょう。

43 漁業のさかんな地域①

(1) ① ㋐ ㋑ (順不同)
② ㋒ ㋓ (順不同)

(2) ㋐ リマン海流　㋑ 親潮
㋒ 対馬海流　㋓ 黒潮

44 漁業のさかんな地域②

(1) ① 大陸だな　② プランクトン

(2) ① 寒流　② 暖流
③ 潮目　④ プランクトン
⑤ 良い漁場

45 漁業のさかんな地域③

(1) ① 銚子　② 焼津

(2) 太平洋側

(3) ① 親潮　② 黒潮
③ 潮目　④ プランクトン
⑤ 太平洋側

46 漁業のさかんな地域④

(1) Ⓐ 潮目　Ⓑ 大陸だな

(2) ① 長崎　② 東シナ海
③ 大陸だな　④ プランクトン
⑤ 境　⑥ 潮目

47 とる漁業から育てる漁業①

(1) ① 沿岸　② 沖合
③ 遠洋　④ さいばい
⑤ 養しょく

(2) ㋐ ①、②、③ (順不同)
㋑ ④、⑤ (順不同)

48 とる漁業から育てる漁業②

① 沖合　② 増えた
③ 1.5兆　④ 遠洋
⑤ 200海里

49 これからの漁業①

(1) ① さけ・ます
② えび　③ まぐろ

(2) ②、④

50 これからの漁業②

(1) ① 漁師　② 山
③ プランクトン　④ ふ葉土

(2) ① 魚つき林 (魚を育てる林)
② 木かげ
③ 土砂
④ 風

輸出入や、食料自給率を上げる取り組みなどについて学習します。図やグラフを見ながら、生活と結びつけて考えてみましょう。

51 これからの食料生産①

(1) ① 生産　② 食料自給率
③ 外国産

(2)

	原料	自給率	相手国
つゆ	大豆	6	アメリカ
うどん	小麦	12	オーストラリア
天ぷら	えび	9	インド

52 これからの食料生産②

(1) ① 米　② 大豆
③ 安く　④ 輸入

(2) ① 生産量　② 高く
③ 有機肥料　④ 地産地消

53 これからの食料生産③

(1) 牛肉　3

(2) くだもの、牛乳など、肉類 (順不同)

(3) ① 安い　② 多く
③ 安全

54 これからの食料生産④

(1) アメリカ、フランス （順不同）

(2) 日本

(3) 米

(4) ① 小麦　② 大豆

工業についての学習です。工業の種類や地域、自動車づくりなどについて、図やグラフから答えを見つけましょう。

55 工業と地域①

㋐ 金属　㋑ 機械

㋒ 化学　㋓ せんい

㋔ 食料品

56 工業と地域②

(1) ① ㋔　② ㋑

③ ㋐　④ ㋓

⑤ ㋒

(2)

機械	化学	金属	(順不同)
せんい	食料品	(順不同)	

57 工業と地域③

① 中京　② 北九州

③ 北陸　④ 瀬戸内

58 工業と地域④

(1) 太平洋ベルト

(2) ① ×　② ○

③ ○　④ ×

59 工業と地域⑤

Ⓐ 京浜　Ⓑ 中京

Ⓒ 阪神　Ⓓ 北九州

㋍ 太平洋ベルト

60 工業と地域⑥

㋐ 関東内陸　㋑ 京葉

㋒ 東海　㋓ 瀬戸内

㋔ 北陸

61 自動車づくり①

(1) ① プレス　② ようせつ

③ とそう　④ 組み立て

⑤ 検査　⑥ 出荷

(2) ㋐ ③　㋑ ②

㋒ ①　㋓ ⑤

㋔ ④

62 自動車づくり②

(1) ㋐ 組み立て　㋑ 出荷

㋒ とそう　㋓ プレス

㋔ ようせつ　㋕ 検査

(2) ㋓→㋔→㋒→㋐→㋕→㋑

(3) ロボット

63 自動車の部品をつくる工場

(1) ③

(2) ① ×　② ×

③ ○　④ ○

64 これからの自動車づくり

(1) ㋐ ① 水素　② 水

㋑ ③ 電気　④ 二酸化炭素

(2) ㋓

65 大工場と中・小工場①

(1) ① 1　② 30

③ 半分

(2) ①、④

66 大工場と中・小工場②

1 ① 機械化　② 大量

③ 中小　④ 大

2 ②、④

67 工業生産と貿易①

(1) ① 原材料　② 工業製品

(2) 加工貿易

(3) ① せんい　② 機械類

68 工業生産と貿易②

(1) ③、⑤

(2) ① サウジアラビア

② アラブ首長国連邦

69 工業生産と貿易③

1 ① 輸出　② 売れなく

③ 輸入制限　④ 貿易まさつ

2 ①

70 工業生産と貿易④

(1) 輸出

(2) ① 輸出　② おとろえ

③ 輸入制限　④ 貿易まさつ

(3) ㋐、㋑

暮らしや自然についての問題です。原因などもあわせて覚えましょう。

71 くらしと情報①

① ㋒　② ㋐

③ ㋑　④ ㋓

72 くらしと情報②

1 ① 編集会議　② 取材

③ 映像の編集　④ 原稿チェック

⑤ スタジオ本番

2 ① ㋑　② ㋐

73 くらしと情報③

(1) ① 商品が売れた日時
② 個数
③ 売れた商品の名前

(2) ㋐ 本部 ㋑ 配送センター

74 くらしと情報④

(1) 品物の売買でだまされた

(2) ① 個人情報 ② 悪質
③ 不正

(3) ① 個人 ② 必要

75 自然災害①

(1) ① 火山 ② 地震
③ 雪害 ④ 津波
⑤ 風水害 ⑥ 台風

(2) ③、⑤、⑥ (順不同)

76 自然災害②

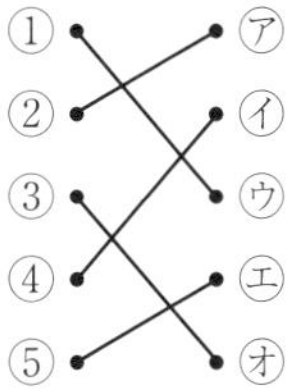

77 自然災害を防ぐ取り組み①

(1) ① 水 ② 山鳴り
③ 流木 ④ にごっている

(2) 放水路

78 自然災害を防ぐ取り組み②

(1) 雪害

(2) ① 除雪 ② あたためる
③ なだれ

79 森林のはたらき①

(1) ① 支える ② つくる
③ すみか ④ きれい
⑤ やすらぎ

(2) ① 津波 土砂くずれ (順不同)
② そう音 しん動 (順不同)

80 森林のはたらき②

1 ① 35 ② 地下水
③ 25 ④ 60
⑤ 緑のダム

2 ① 輸入木材 ② 減って

81 公害と四大公害病①

1 ① けむり ② 病気
③ 生き物 ④ 公害

2 ① 大気のよごれ
② 水のよごれ
③ そう音
④ 悪しゅう

82 公害と四大公害病②

(1) ① 新潟水俣病

② イタイイタイ病

③ 水俣病

④ 四日市ぜんそく

(2) ① ㋐　② ㋑

③ ㋐　④ ㋒

83 自然を守る

(1) ㋐ 世界遺産条約

㋑ ナショナルトラスト運動

㋒ ラムサール条約

(2) ① ㋒　② ㋑

③ ㋐

84 世界遺産

① 京都　② 奈良

③ 日光　④ 屋久島

⑤ 厳島　⑥ 琉球

⑦ 知床　⑧ 原爆ドーム